병을 짊어지신 예수님

병을 짊어지신 예수님

조용기 지음

개정판 1쇄 인쇄 2017년 7월 20일
개정판 1쇄 발행 2017년 7월 25일

편 집 인   김상길
발 행 처   서울말씀사

출판등록   제2016-000172호
주   소   서울시 영등포구 은행로 55, 나동 9층
전   화   02-846-9222
팩   스   02-846-9225

본서의 저작권과 판권은
서울말씀사 소유이며 무단 전재, 복제를 금합니다.

병을 짊어지신 예수님

조용기 지음

서울말씀사

머리말

　이 작은 책은 신유에 관한 나 자신의 고백과 같다. 나는 말로 다 형용할 수 없을 만큼 많은 신체적 질병으로 고생해 왔다.
　폐병으로 인하여 사망선고를 받았었고 신경쇠약, 심장병, 위장병, 기타 중한 개복수술 등을 받아 몇 번이나 죽음의 고비를 넘겼다. 그렇기 때문에 나는 불치의 병에 걸려본 사람이 아니고는 이해할 수 없는 그 절망과 비애를 잘 알고 있다. 이러한 질병을 통해 나는 하나님을 만나게 되었고, 하나님의 은혜와 말씀으로 병 고침의 은사를 그때마다 체험할 수 있었다.

　그동안 나는 신유의 은사를 받기 위해 기도한 것이 아니다.

나 자신이 살기 위해 병을 치료하시는 하나님을 갈급히 찾았었다. 그리고 하나님의 말씀을 깊이 찾아갔다. 그리하여 넘치는 생명과 치료함을 받아 정상적인 건강한 생활을 할 수 있게 되었다. 크신 주 예수님의 은혜에 감격한 나는 사회와 인류에 봉사하는 사람이 되어야겠다고 결심했었다.

그리하여 과거의 나처럼 불치의 병에 걸려 질병으로 고통당하고 있는 분들에게 그리스도 예수님으로부터 건강과 생명의 은총을 얻는 길을 가르쳐주어야겠다는 책임감을 느끼게 되었다. 이 때문에 비록 부족하고 보잘것없지만 이 작은 책을 감히 내어 놓는다.

간절히 원하기는 병상에서 신음하고 있는 여러 부모 형제자매님들이 나처럼 '병을 짊어지신 예수님'을 만나게 되시고 그분의 발 앞에 엎드려 육체의 병 고침은 물론 영혼까지 구원받게 되시기 바란다. 그리하여 하나님께 영광을 돌리고 주의 뜻을 따라 사시기 바란다.

1976년 11월
목사 조용기

차례

머리말

1장 신약에 나타난 신유

01 _ 기독교는 정말 병을 고치는가? 11
02 _ 병 고침은 예수님의 대속 안에 포함되어 있는가? 15
03 _ 병 고침은 천년왕국시대에 받을 것이 아닌가? 23
04 _ 정말 병 고치는 은사는 초대교회 이후로 사라졌는가? 26
05 _ 하나님이 세우신 병 고치는 은사 33
06 _ 구원받는 믿음과 표적의 믿음 37
07 _ 신유가 중요하지 않다는 것은 사실인가? 43
08 _ 병 고침은 예수님의 자비의 표현이다 51
09 _ 천국의 기반이 되는 치료 60

2장 구약에 나타난 신유

01 _ 구약성경이 가르쳐주는 신유 69
02 _ 여호와 라파(의사) 76
03 _ 질병은 마귀가 가져다준다 82
04 _ 질병은 저주이다 87
05 _ 모세의 놋뱀과 예수님의 십자가 96
06 _ 이사야가 전해준 신유의 복음 106
07 _ 질병의 대속에 관한 신학자들의 말 118

01 _ 기독교는 정말 병을 고치는가?
02 _ 병 고침은 예수님의 대속 안에 포함되어 있는가?
03 _ 병 고침은 천년왕국시대에 받을 것이 아닌가?
04 _ 정말 병 고치는 은사는 초대교회 이후로 사라졌는가?
05 _ 하나님이 세우신 병 고치는 은사
06 _ 구원받는 믿음과 표적의 믿음
07 _ 신유가 중요하지 않다는 것은 사실인가?
08 _ 병 고침은 예수님의 자비의 표현이다
09 _ 천국의 기반이 되는 치료

1장

신약에 나타난 신유

01
기독교는 정말 병을 고치는가?

사람은 영과 육으로 지음을 받았다. 그러므로 에덴동산에서 아담과 하와가 하나님께 범죄하여 타락했을 때 영과 육이 동시에 타락한 것이다. 죄의 값은 사망이므로 영은 영대로 하나님과 분리되어 부패해지고, 인간의 육체는 그 죄값으로 사망의 시작인 질병에 노출되게 되었다.

그러므로 우리 주 예수 그리스도의 구원도 필연적으로 영과 육을 동시에 가진 인간 전체를 포함해야만 하는 것이다. **따라서 주님의 구속의 은총 안에는 육신의 회복과 영적으로 죽었던 생명의 중생이 포함되어 있다.** 우리 주 예수님은 죄와 질병으로 죽을 수밖에 없는 인류를 찾아오셔서 구원과 신유의 은혜를 당신의 지상 생애 동안 차별 없이 베풀어 주셨다. 그리고 지금도 그와 같은 은혜의 역사를 계속하고 계신다. 그 이유는 히브리서에 기록된 대로 예수 그리스도는 어제나 오늘이나 영원토록 동일하시기 때문이다 히 13:8.

또 주님께서 "그러므로 자기를 힘입어 하나님께 나아가는 자들을 온전히 구원하실 수 있으니 이는 그가 항상 살아 계셔서 그들을 위하여 간구하심이라" 히 7:25라고 말씀하셨듯이, 우리 가운데 내주하시는 주님의 영은 우리 영의 생명이 되시고 주님의 부활의 몸은 우리 죽을 육체의 생명이 되시기 때문이다.

예수님은 지상에서의 공생애 동안 병든 모든 사람을 고치심으로 시작하셨고, 마지막 십자가에 못 박혀 돌아가실 때에 죄와 병을 모두 대신 갚으셨다 벧전 2:24. 그리고 부활하셔서 승천하실 때 당신을 따르는 제자들에게 영혼의 구원과 신유의 복음을 계속하여 전하라고 지상명령을 내리셨다.

그러므로 마가복음 16장에, "너희는 온 천하에 다니며 만민에게 복음을 전파하라 믿고 세례를 받는 사람은 구원을 얻을 것이요 믿지 않는 사람은 정죄를 받으리라 믿는 자들에게는 이런

병을 짊어지신 예수님

표적이 따르리니 곧 그들이 내 이름으로 귀신을 쫓아내며 새 방언을 말하며 뱀을 집어올리며 무슨 독을 마실지라도 해를 받지 아니하며 병든 사람에게 손을 얹은즉 나으리라"막 16:15~18 고 하셨다.

그러면 이와 같은 주님의 명령이 오늘날 왜 교회에서 일어나지 않고 있는가? 이와 같은 은혜는 사도시대 이후로 사라져 버리고 말았단 말인가? 그러면 예수님의 제자인 베드로, 야고보, 요한만 믿는 자이고 오늘날의 교인들은 믿는 자들이 아니란 말인가? 결코 그렇지 않다. 신유의 복음은 교회가 점점 타락되고 세속화되어감에 따라 믿음이 식어짐으로 인하여 교회에서 사라져버린 것이다.

그러나 오늘날 말세에 성령을 부어 주시겠다는 요엘 선지자의 예언대로 전 세계적인 성령의 은혜의 역사가 일어나고 있다. 살아 계신 그리스도에 대한 신앙이 깊어짐에 따라 이 신유의 복음도 그 옛 모습을 회복하고 있으며, 많은 병자들이 주님의 은총을 입고 기적적인 신유의 체험을 하고 있다.

이와 같은 은혜가 교회 중에 복구됨에 따라서 우리는 여기에 대한 확실한 성경적 근거를 갖지 않으면 안 된다. 우리의 믿음은 확고한 성경의 말씀 이외에는 어떠한 신적 계시에도 치우쳐서는 안 되기 때문이다 갈 1:8.

02
병 고침은 예수님의 대속 안에 포함되어 있는가?

로마서 5장 12절 상반절에 "그러므로 한 사람으로 말미암아 죄가 세상에 들어오고 죄로 말미암아 사망이 들어왔나니"라고 했다. 여기에 보면 명확하게 사망은 죄로 말미암아 세상에 들어오게 되었다고 기록되어 있다. 그러므로 육체적 사망의 시작인 질병은 죄로 말미암아 들어온 것이다.

병의 근원이 죄로 말미암았은즉 필연적으로 병의 치료도 그리스도의 구속 안에 포함되어 있어야 마땅하다. 주님께서는 두루 다니시면서 선한 일을 행하시고 마귀에게 눌린 모든 사람을 다 고치셨으니 행 10:38 오늘날도 만일 우리 육신의 질병이 인간의 힘으로 고칠 수 없게 될 때 이 병마의 권세를 물리칠 자는 하나님의 아들 예수님 외에 누구이겠는가? 병이 인간적인 힘으로 치료할 수 없을 만큼 악화되었을 때 하나님의 권세로 그 병을 물리치지 않으면 반드시 사망의 결과를 가져오는 것이다.

사실 우리에게 큰 은택을 베풀어주는 의사들이나 성능이 좋은 약들이라 할지라도 그것은 우리의 몸 안에 있는 치료의 힘을 도와주는 것에 불과할 뿐, 의술이나 약 그 자체가 병을 완치해주지는 못한다. 이러므로 인간의 의술이나 약술보다 우리 주 예수 그리스도의 대속의 은총으로 말미암은 그리스도 안에 있는 생명의 성령의 은혜가 우리의 육체 속에 임하시면 우리의 죽을 육체도 살리심을 입게 되는 것이다 롬 8:11.

그러므로 야고보는 그의 서신 공회서신에 기록하기를 "너희 죄를 서로 고백하며 병이 낫기를 위하여 서로 기도하라" 약 5:16 고 명한 것이다. 죄가 성령의 생명적 역사를 막고 사망의 권세가 역사하게 만들기 때문이다.

이와 같이 병은 죄의 결과로 인류에게 다가온 사망의 저주이기 때문에 그에 대한 치료도 마땅히 십자가의 은총 속에 있어야 하는 것이다. 예수님 외에 저주를 없앨 자 누구며, 십자가의 대속을 통하지 않고 어떻게 정당하게 저주를 없앨 수 있겠는가! 병은 근원적으로 아담이 범죄한 죄로 말미암은 육체적 형벌이며, 예수님이 그의 육신을 통하사 우리의 모든 형벌을 대신 짊어지셨기 때문에 우리는 하나님 앞에서 합법적으로 주 예수님을 믿음으로 병에서 자유함을 얻게 되는 것이다.

우리가 주 예수님을 믿음으로 성령의 처음 익은 열매인 영적인 중생의 은총을 맛보았다면, 마땅히 장차 성령의 능력으로 주실 부활의 몸의 첫 열매인 병 없는 건강을 얻어야 될 것이 아니겠는가? 만일 예수님의 대속의 고난 중에 우리의 육체가 포함되지 아니하였다면 우리 육체는 부활의 몸을 얻을 권리가 없을 것이다. 또한 부활의 몸을 얻는다고 할지라도 천국에서 우리의 몸에 질병이 다가오지 않을 것이라는 합법적 근거가 어디 있겠는가? 그러므로 주 예수님이 육체로 부활하신 것같이 우리의 몸도 부활한 것이요, 그 부활의 첫 열매로서 예수님의 대속의 은총으로 말미암아 우리는 병 없는 건강을 믿음으로 얻을 수 있는 것이다.

만일 어떤 사람들이 가르치는 바와 같이 신유가 십자가의 대속의 은혜 중에 포함되어 있지 않다면 왜 구약의 대속의 모형 속에 신유에 대한 가르침이 명확히 기록되어 있겠는가? 출애굽기 12장을 보면 애굽을 떠나는 이스라엘 백성들에게 하나님의 유월절 양의 살을 먹으라고 했으니 이는 긴 여행을 위한 육체적인 힘을 얻기 위한 것이 아닌가.

우리도 우리의 유월절 양이 되신 예수님고전 5:7의 살을 믿음으로 먹고 육체적인 생명과 건강과 힘을 얻어야 마땅하다.

우리는 교회의 성찬식 때에 예수님의 살과 피에 참여하는 의식으로 떡과 잔을 받는다. 우리가 다 잘 아는 바와 같이 예수님의 피는 우리의 죄를 속해 주셨으며 예수님의 몸은 우리의 병을 대속하기 위하여 깨어졌던 것이다. 성경은 분명히 가르치시기를 "그가 채찍에 맞음으로 너희는 나음을 얻었나니"벧전 2:24라고 선언하고 있다. 그러므로 우리는 성찬을 대할 때마다 우리의 영혼이 성결함을 얻을 뿐 아니라, 우리의 육체도 예수님의 생명을 얻어야만 한다.

사도 바울 선생은 "우리가 항상 예수의 죽음을 몸에 짊어짐은 예수의 생명이 또한 우리 몸에 나타나게 하려 함이라"고후

4:10고 하였으니 신유라는 것은 성령의 능력으로 말미암아 실제적으로 예수님의 생명이 우리 몸에 나타나는 은혜를 말하는 것이다.

예수님은 누가복음 4장 19절에 "주의 은혜의 해를 전파하게 하려 하심"으로 구약의 희년을 인용해서 말씀하셨다. 구약의 희년은 분명히 복음 시대인 오늘날 우리가 누리는 축복을 모형으로 보여 주는 것이다. 구약 레위기 25장 8절에서 12절까지 보면 희년을 선포하는 즐거운 나팔소리를 울리기 전에 속죄일을 먼저 가졌었다.

먼저 속죄의 제물을 잡아서 그 피를 속죄소시은소에 뿌리기 전에는 어떤 은혜도 베풀어지지 않았다. 그러나 속죄의 피가 시은소 편집자 주 : 시은소 또는 시은좌는 언약궤의 뚜껑을 말한다. '은혜를 베푸는 자리'라는 뜻이다에 뿌려지고 백성의 죄가 속함을 입고 난 후에는 즐거운 희년의 나팔소리가 전국에 울렸다. 오랫동안 흩어져 있던 식구들과 전토와 집을 잃었던 사람들이 고향과 전토와 집과 가족들에게로 돌아갈 수 있게 되었던 것이다.

이 사실은 우리에게 향하신 하나님의 자비와 축복은 십자가의 대속이 없이는 주어지지 않는다는 것을 의미한다. 예수님은 이와 같이 우리의 속죄 제물이 되셔서 갈보리의 십자가 위에서 못 박혀 죽으시고 삼 일 만에 부활하사 자기의 피를 하늘의 속죄소에 뿌리시고, 우리가 타락함으로 잃어버렸던 모든 것을 다시 회복하게 하셨다. 그리고 성령을 보내심으로 복음의 즐거운 나팔을 불어 악마에게서 자유와 해방을 취하라는 소식을 전하게 하신 것이다.

구약의 희년에도 희년의 나팔이 울린 후 하나님께서 명하시기를 "그 땅에 있는 모든 주민을 위하여 자유를 공포하라"레 25:10고 하셨다. 또 "너희는 각각 자기의 소유지로 돌아가며"라고 하셨으니 하물며 더 좋은 언약하에 더 나은 속죄 제물을 드린히 8:6 그리스도의 복음 안에 사는 우리들은 마땅히 믿음으로 마귀에게서 자유를 얻게 되는 것이다. 그리하여 하나님의 약속의 말씀의 기업으로 돌아가야 할 것이 아니겠는가?

이를 위해서 예수님께서 친히 모범을 보이시기 위해 "마귀에게 눌린 모든 사람을 고치셨으니"행 10:38라고 우리들에게 가르치셨으며, 18년 동안 사탄에게 묶여 고생하던 아브라함의 딸을 안식일에 그 속박에서 푸셨다. 그리고 이를 비방하는 바리새인들에게 분개하셨던 것이다 눅 13:10~17.

그리스도의 속죄는 이미 2,000년 전에 다 완성되었고, 복음의 기업으로 돌아가라는 성령의 나팔소리가 성경을 통하여 전 세계에 울려 퍼졌고, 또 울리고 있으니 우리가 마땅히 지금이라도 순종하여 십자가의 고난으로 값 주고 사주신 건강의 기업을 찾아야만 하겠다.

만일 우리가 이 사실을 부인한다면 주님의 약속을 헛되게 만드는 죄를 짓게 되지 않을까? 그리고도 어찌 주님을 사랑한다고 말할 수 있겠는가? 성경은 분명히 기록되어 있다.

"친히 나무에 달려 그 몸으로 우리 죄를 담당하셨으니 이는 우리로 죄에 대하여 죽고 의에 대하여 살게 하려 하심이라 그가 채찍에 맞음으로 너희는 나음을 얻었나니" 벧전 2:24

"이는 선지자 이사야를 통하여 하신 말씀에 우리의 연약한 것을 친히 담당하시고 병을 짊어지셨도다 함을 이루려 하심이더라" 마 8:17

"믿는 자들에게는 이런 표적이 따르리니 곧 그들이 내 이름으로 귀신을 쫓아내며 새 방언을 말하며 뱀을 집어올리며 무슨 독을 마실지라도 해를 받지 아니하며 병든 사람에게 손을 얹은즉 나으리라 하시더라" 막 16:17~18

"너희 중에 병든 자가 있느냐 그는 교회의 장로들을 청할 것이요 그들은 주의 이름으로 기름을 바르며 그를 위하여 기도할지니라 믿음의 기도는 병든 자를 구원하리니 주께서 그를 일으키시리라" 약 5:14~15

이와 같이 풍성한 치료와 건강의 기업은 우리의 것이니 하늘로부터 보내신 성령을 힘입어 복음을 전하는 자들 벧전 1:12은 이 진리를 숨김없이 증거함으로 병들고 시들어져 가는 양무리에게 건강의 새 생명을 얻게 해야 할 것이다.

03
병 고침은 천년왕국시대에 받을 것이 아닌가?

어떠한 사람들이 그렇게 가르친다고 하니 거기에 대하여 우리는 성경의 가르치심을 찾아 알아보기로 하자.

예수님께서는 나사렛 회당에 오셔서 안식일에 선지자 이사야의 글에 이렇게 기록한 데를 찾아 읽으셨다.

"주의 성령이 내게 임하셨으니 이는 가난한 자에게 복음을 전하게 하시려고 내게 기름을 부으시고 나를 보내사 포로 된 자에게 자유를, 눈먼 자에게 다시 보게 함을 전파하며 눌린 자를 자유롭게 하고 주의 은혜의 해를 전파하게 하려 하심이라" 눅 4:18~19

어떤 사람들은 이 말씀을 영적으로만 해석해야 된다고 주장한다. 그러나 우리는 정직하게 예수님의 생애를 살펴볼 때 영적으로도 또 현실적으로도 이러한 역사가 나타났다는 것을 부인하지 못할 것이다. 예수님은 죄에 포로 된 자를 놓아 주셨을 뿐 아니라, 실제로 거라사 땅의 군대 마귀에게 포로 된 자를 위시하여 많은 귀신에게 포로 된 자들을 풀어주셨다. 그리고 또 눈먼 자를 보게 하심에 있어서도 주님께서는 영적으로 눈먼 자들을 고쳐주셔서 천국과 구원을 보게 하셨을 뿐만 아니라, 실제적으로 요한복음 9장에 있는 태어날 때부터 소경된 자의 눈을 고쳐주셨으며 거지 바디매오의 눈도 다시 보게 해주셨다.

눌린 자를 자유롭게 하신다는 말씀은 무엇을 의미하는 것일까? 베드로는 그의 설교 듣기를 간절히 기대하고 있던 일단의 이방인 고넬료의 집 사람들에게 아래와 같이 증거했다.

"하나님이 나사렛 예수에게 성령과 능력을 기름 붓듯 하셨으매 그가 두루 다니시며 선한 일을 행하시고 마귀에게 눌린 모든 사람을 고치셨으니 이는 하나님이 함께 하셨음이라"행 10:38

병을 짊어지신 예수님

그러므로 눌린 자를 자유케 한다는 의미는 분명히 마귀에게 눌린 병으로 고생하는 자를 말하는 것이요, 예수님은 이와 같은 사람들을 다 고쳐주셨던 것이다.

주님께서 이와 같이 선언하시자 예수님을 주목하고 있던 회당에 모여 있는 모든 청중들이 그의 입에서 나오는 은혜로운 말씀을 기이히 여겼다.

"이에 예수께서 그들에게 말씀하시되 이 글이 오늘 너희 귀에 응하였느니라 하시니"눅 4:21

주님께서 당신이 하신 말씀이 먼 천년왕국 시대에 이루어질 것이라고 하시지 않으시고 강조하셔서 '오늘'이라고 하셨으니 오늘날 우리가 누구이기에 감히 주께서 '오늘'이라고 하신 말씀을 '내일'로 고치겠는가. 그리고 또 주님께서 말씀하신 '오늘'이란 복음의 은혜 시대를 말하는 것이 분명한 것은 주께서 친히 말씀하시기를 '은혜의 해'를 전파하는 시기라고 하셨기 때문이다.

04
정말 병 고치는 은사는 초대교회 이후로 사라졌는가?

야고보서 5장에 이와 같은 말씀이 기록되어 있다.

"너희 중에 병든 자가 있느냐 그는 교회의 장로들을 청할 것이요 그들은 주의 이름으로 기름을 바르며 그를 위하여 기도할지니라 믿음의 기도는 병든 자를 구원하리니 주께서 그를 일으키시리라 혹시 죄를 범하였을지라도 사하심을 받으리라" 14~15절

과연 이 말씀을 기록한 이는 예수님의 아우인 야고보이다. 야고보는 초대 예루살렘 교회 공의회의 회장이었다 행 15:13. 바

울 사도도 야고보를 교회의 기둥갈 2:9이라고 말했다. 초대교회 당시 주를 믿고 구원받은 이방인들에 관하여 율법을 지키며 할례를 받게 해야 된다는 파와 믿음으로만 구원을 얻었으니 할례를 받게 할 필요가 없다는 파가 갈라져서 논쟁이 벌어졌을 때에도 야고보는 이 논쟁을 종결시켰다.

그는 "그러므로 내 의견에는 이방인 중에서 하나님께로 돌아오는 자들을 괴롭게 하지 말고"행 15:19라고 말할 수 있는 권위가 있었다. 그러자 모든 사람들이 야고보가 내린 결론에 묵묵히 순종했던 것이다. 이와 같은 야고보가 모든 교회에게 보내는 공회 서신인 야고보서에서 이렇게 기록한 것인 만큼 이 말씀의 요동치 않는 권위를 알 수 있을 것이다.

그러면 이 야고보서에서는 누구에게 병 고치는 권능을 부탁하고 있는가? 그 당시가 사도시대의 말기에 속한 때인지라 차례로 순교당하고 있던 사도들에게만 그 권능을 맡긴 것이 아니었다. 그러면 어떤 기발하고 특출한 은사를 받은 특정한 남자나 여자에게 맡겼는가? 그렇지 않다.

그러면 도대체 누구에게 병 고치는 권능을 부탁하셨는가?

모든 앓는 자가 지극히 쉽게 손닿을 수 있는 곳에 있는 평범한 교회의 지도자들인 장로들에게 병 고치는 사역을 맡긴 것이며, 이 장로들은 교회가 계속되는 한 세상 끝 날까지 이 은혜로운 자비의 역사를 계속할 수 있는 성경적 권위를 갖게 된 것이다.

성경시대의 장로는 금일 회중의 인도자 되는 목사, 전도사들을 의미하는 것이며 성령과 말씀이 충만한 자들을 말하는 것이다.

그리고 또 이 말씀이 주어진 시기를 생각해 보면 야고보는 이 서신을 사도시대 초기에 기록한 것이 아니라, 말기에 기록했다.

그러므로 자기의 세대를 위하여 기록한 것이 아니라, 다가오는 세대를 위하여 기록한 것이다. 바로 말세를 사는 우리들을 위하여 기록한 것이다. 그리고 또 병자를 위해 기도하는 법을 알아볼 때 어떤 특별한 은사를 가진 사람만이 할 수 있는 것이 아니라는 것을 알 수 있다.

그 법이란 첫째 '믿음의 기도'요, 둘째 '주의 이름으로 기름을 바르며'이다.

믿음의 기도란 의심이나 불확실한 요행을 바라는 기도가 아닌 것이다.

"믿음은 바라는 것들의 실상이요 보이지 않는 것들의 증거"히 11:1이니 '실상'이란 말은 헬라어로 '후포스타시스'ὑπόστασις란 말로서 우리말로는 '재산' 또는 '토지 문서' 혹은 '지가 증권'estate, title-deed이란 의미를 가지고 있다. 그러므로 병 낫기 위해서 기도할 때는 절대로 동요하지 않는 확실한 토지 문서를 잡은 것 같은 확증을 가지고 기도하라는 것이요, 의심을 품고서 믿음의 확신이 없이 "만일 당신의 뜻이라면 고쳐주옵소서."라는 식의 희미한 기도를 하지 말라는 것이다.

오늘날 병 낫기를 위한 기도가 많이 응답을 받지 못하는 이유는 주님의 말씀과 뜻을 잘 알지 못하므로 믿음의 기도를 드리지 못하는 데 있다. 모든 하늘나라의 보화는 오직 믿음을 통해서만 받을 수 있다.

"믿음이 없이는 하나님을 기쁘시게 하지 못하나니 하나님께 나아가는 자는 반드시 그가 계신 것과 또한 그가 자기를 찾는 자들에게 상 주시는 이심을 믿어야 할지니라"히 11:6

"오직 믿음으로 구하고 조금도 의심하지 말라 의심하는 자는 마치 바람에 밀려 요동하는 바다 물결 같으니 이런 사람은 무엇이든지 주께 얻기를 생각하지 말라 두 마음을 품어 모든 일에 정함이 없는 자로다" 약 1:6~8

기름을 바르고 주의 이름으로 기도하라는 것은 어떤 사람들이 해석하듯이 약을 먹으면서 기도하라는 그런 의미가 아니다. 물론 약은 놀라운 축복이며 우리 성도들이 약에 대한 감사를 잊지 말아야 한다. 인류의 고통을 덜고 건강을 회복케 해주는 선한 역사는 하나님께 복 받은 일이 아니고 무엇이겠는가? 그러나 '신유'라는 것은 약과 상관없이 전적으로 하나님의 권능에 의해서 나음을 입는 것을 말하며 이곳에 기름을 바른다는 것은 마가복음 6장 13절에 있는 "많은 귀신을 쫓아내며 많은 병자에게 기름을 발라 고치더라"는 말씀과 동일한 것이다.

그러면 기름은 왜 바르는가? 기름을 바르는 데는 깊은 상징적 의미가 있다. 그 첫째는 주님께 성별을 의미하는 것으로서 병 고침을 받기 원하는 사람은 깊이 죄를 뉘우치고 세상과 타협

하는 생활을 떠나 주님께 몸을 드려 주님 중심으로 살아야 된다는 의미이다. 둘째로는 기름은 성신을 상징하는 것이기 때문에 바르는 것이다.

요즈음 항간에 물의를 많이 일으키고 있는 소위 살인 안찰, 안수 기도자들은 이 성경의 엄숙한 가르침에 고개를 숙이고 통회 자복해야 할 것이다. 우리의 병 나음은 방망이로 갈비뼈가 부러지게 두들겨서 얻어지는 것이 아니다. 손으로 문질러서 시퍼렇게 찰과상을 일으켜 낫는 것도 아니다. 전적으로 그리스도 예수 안에 있는 생명의 성령의 법이 기름과 같이 우리의 육체 위에 임하시는 것이다. 성령께서 육체를 소유함으로 말미암아 병약한 곳에 생명의 기운을 불어넣어 주셔서 치료하게 되는 것이다. 전적으로 신적이요, 초자연적이요, 아름다운 은혜와 자비의 소산인 것이다.

그러므로 우리 가운데 병든 자가 있고 또 예수님의 몸된 교회가 지상에 남아 있는 이상 교회를 향한 이 엄숙한 명령은 물세례 의식이나 성찬 예식과 함께 엄히 준수해야 될 일이다. 조금이라도 등한히 여기면 주님의 사랑과 자비를 등한히 여기는 것이 될 것이다. 야고보의 이 명령은 초대교회 이후에 철회된 적이 전혀 없다.

05
하나님이 세우신 병 고치는 은사

어떤 사람들이 깊이 생각해 보지도 않고 경솔히 말하는 것처럼 과연 병 고침이 우리를 위한 것이 아니라면 왜 고린도전서 12장 28절부터 기록해 놓은 교회 직임 중에 병 고치는 은사의 직임이 들어 있겠는가?

"하나님이 교회 중에 몇을 세우셨으니 첫째는 사도요 둘째는 선지자요 셋째는 교사요 그 다음은 능력을 행하는 자요 그 다음은 병 고치는 은사와 서로 돕는 것과 다스리는 것과 각종 방언을 말하는 것이라"

오늘날도 하나님이 세우신 충성스러운 성경 교사들이 교회에 살찐 꼴을 공급해 주고 있는 것을 잘 알고 있다. 또한 선지동산인 각 신학교에서 하나님의 말씀을 배워 성령의 능력으로 어두움에 처한 백성들에게 나아가 선지적 선견지명과 지혜와 지식으로 경고하기 위해 준비하고 있는 많은 신학생들을 본다. 이것으로 선지적 사명이 교회를 떠나지 않았다는 것을 알 수 있다.

그렇다면 왜 하필이면 병 고치는 은사만이 교회를 떠났다고 오늘날 주장하는가? 하나님께서 병 고치는 은사를 세우셨으니 사람이 결코 옮길 수 없는 것이다.

요엘 선지자는 말세에 모든 육체 위에 성령을 부어주실 것이라고 예언했다 욜 2:28. 또 사도 베드로도 오순절날 성령의 충만함을 받고 행한 설교 중에 오늘날 복음의 은혜 시대가 말세라는 것을 선언했었다 행 2:17. 야고보는 '이른 비와 늦은 비' 약 5:7를 기다린다고 했다.

이러므로 오늘날 우리가 사는 말세지말의 세대는 마땅히 '늦은 비'를 받을 때이다. 성령의 크신 역사가 일어날 수 있고 또 일어나고 있는 시대이다. 그런데 어떻게 우리가 오늘날 성령이 교회에 나타나심을 부인할 수 있겠는가.

그 성령의 나타남 중에는 '병 고치는 은사'_{고전 12:9}가 포함되어 있다. 이것은 성령 하나님의 절대 의지를 통하여 역사하시는 것이니_{고전 12:11}, 우리 사람이 과연 누구이기에 성령님이 하시는 일을 막을 수 있겠는가?

그러므로 병 고치는 은사는 초대교회 이후에 사라진 것이 아니라, 말세에 더욱 왕성해질 것이다.

06
구원받는 믿음과 표적의 믿음

마가복음 16장 16절부터 18절까지의 말씀을 깊이 생각해 보자.

"믿고 세례를 받는 사람은 구원을 얻을 것이요 믿지 않는 사람은 정죄를 받으리라 믿는 자들에게는 이런 표적이 따르리니 곧 그들이 내 이름으로 귀신을 쫓아내며 새 방언을 말하며 뱀을 집어올리며 무슨 독을 마실지라도 해를 받지 아니하며 병든 사람에게 손을 얹은즉 나으리라 하시더라"

이 말씀은 오늘날 구원의 은혜가 존속하는 이상 기적과 신유의 은혜가 어떤 사람들이 말하는 것처럼 교회를 떠난 것이 아니라는 사실을 명확히 증거해 주고 있다. 만일 이 말씀이 사도시대만을 위한 것이라면 구원도 당연히 사도시대에만 내린 하나님의 선물이 되어야 할 것이다. 그러나 이 말씀이 밝히 가르쳐 주듯이 "믿고 세례를 받는 사람은 구원을 얻을 것이요"란 은혜는 오늘날도 변함없이 교회가 증거하는 메시지요, "믿지 않는 사람은 정죄를 받으리라" 막 16:16는 말씀도 교회가 주를 배반하는 사람들에게 선언하는 엄숙한 경고이다.

그렇다면 동일한 주님의 말씀에 "믿는 자들에게는 이런 표적이 따르리니 곧 그들이 내 이름으로 귀신을 쫓아내며 새 방언을 말하며" 막 16:17라는 약속이 무슨 근거로 오늘날에는 철폐되었다고 주장할 것인가?

구원의 조건이 '믿음'이니 만일 뒤의 것이 폐했다면 앞의 것도 당연히 폐해야 될 것이다. 앞의 것이 존속된다면 뒤의 것도 폐하여질 이유가 만무한 것이다. 구원에 필요한 '믿고'란 헬라 원어는 '피스튜사스' πιστεύσας이고 동일한 어원에서 나온 '피스튜사시' πιστεύσασι가 표적과 신유를 위한 '믿음'이 아닌가?

주님께서는 구원과 기적을 동일한 '믿음'의 조건으로 묶어 놓으셨으니 사람이 누구이기에 주님께서 묶어 놓으신 것을 감히 풀려 하겠는가? '믿는 사람은 구원을 얻을 것'이라는 단수요, '믿는 자들에게는 이런 표적이 따르리니'라는 말씀이 복수인 이유는 간단하다.

구원은 개개인이 주님 앞에 나아와서 믿음을 가질 때 주시는 은혜요, 표적은 개개인에게 개인적 목적을 위하여 주신 것이 아니라 교회에게 주신 은혜이므로 그렇다. 또한 교회란 두세 사람이 주의 이름으로 모인 집단이기 때문에 복수를 사용한 것이다.

오늘날 기독교회가 전반적으로 표적과 신유에 대한 주님의 약속을 배우지 못하여 무지로 인한 집단적인 불신앙을 갖고 있다. 이 때문에 교회에서 주는 믿음으로 얻어야 할 표적과 신유가 사장되고 있다. 우리는 교회사를 통해 큰 성령의 부흥이 교회에 일어났을 때마다 교인들의 믿음이 생기를 얻었다는 것을 알고 있다. 또한 그들이 담대하게 주님의 말씀을 믿었기 때문에 놀라운 하나님의 역사가 교회 안에서 나타났던 것이다.

그러므로 방언과 신유 등의 역사가 초대교회 이후 사라진 것이 아니라, 여전히 교회에 주어진 대로 귀한 하나님의 선물로 남아 있는 것이다.

그러나 우리들의 불신앙 때문에 교회 안에서 잠자고 있는 것이다. 믿음으로 말미암아 얻는 구원이 철폐되지 않은 이상 동일한 단어로 동시에 주님께서 말씀하신 믿음으로 말미암아 얻는 '이런 표적'이적이 결코 사라질 수는 없는 것이다.

우리가 만일 믿음으로 얻는 '이런 표적'을 부인할 권리가 있다면 당연히 그 앞에 나오는 믿음으로 구원받는 것도 의심해야 할 것이다. 그리고 철폐되어야 할 것이다. 또한 이 믿음은 사도 시대나 오늘이나 다를 바 없는 것이므로 우리는 주님께서 성도들에게 단번에 주신 믿음의 도를 위하여 힘써 싸워야 마땅하다유 1:3.

그러므로 믿음으로 받은 구원의 은혜가 오늘날 우리 가운데 전파되고 또 환영되는 것과 같이 믿음으로 얻는 '이러한 표적'도 복음의 확장을 위해서, 신앙의 유익을 위해서, 마귀를 낭패시키기 위해서, 앓는 자에게 하나님의 자비와 사랑을 나타내기 위해서 당연히 전파되고 또 환영되어야만 한다.

우리는 하나님의 말씀을 우리의 생각대로 억지로 해석해서 하나님의 역사를 무력하게 하는 죄를 범치 말아야 한다. 불신앙의 악심을 품고 교회에 주신 하나님의 은혜와 선물을 등한히 여기지 말아야 한다.

이와 같이 "믿는 자들에게는 이런 표적이 따르리니 곧 그들이 내 이름으로 귀신을 쫓아내며 새 방언을 말하며 뱀을 집어올리며 무슨 독을 마실지라도 해를 받지 아니하며 병든 사람에게 손을 얹은즉 나으리라 하시더라"막 16:17~18는 주님의 약속은 오늘날 우리 교회가 필연적으로 부활시켜야 될 은혜이다. 이 은혜를 통하여 점점 감각의 세계와 물질문명에만 도취되어 가는 현대인들에게 영적 실존을 보여 주어야 할 것이다.

또 사도 바울 선생은 고린도 교회에 다음과 같이 말했다.

"내 말과 내 전도함이 설득력 있는 지혜의 말로 하지 아니하고 다만 성령의 나타나심과 능력으로 하여 너희 믿음이 사람의 지혜에 있지 아니하고 다만 하나님의 능력에 있게 하려 하였노라"고전 2:4~5

이처럼 오늘날 점점 인위적이 되어 가고 기계적이 되어 가는 우리의 신앙에 참신한 성령의 생명을 불어넣어야 할 것이다. 또 그것을 갈급하게 하는 동기와 수단이 되게 해야만 하겠다.

오늘날 많은 사람들의 큰 오해는 이와 같은 능력의 은혜가 특별한 사람에게만 주어지는 것이라는 잘못된 생각이다. 결코 하나님은 어떤 사람이든지 사람을 높이시지 않으신다.

마가복음에 기록된 이 은혜는 교회에게 주어진 은혜요 '믿는 자들'이라는 집단적 신앙을 표시하고 있음, 교회의 부흥과 덕을 위해서만 있을 뿐만 아니라 모든 교회에 차별 없이 주어진 축복이므로 우리가 믿음으로 구원 얻는 것을 증거하는 것처럼 이 은혜도 증거할 때 동일한 믿음으로 능력의 역사가 나타나게 되는 것이다.

로마서 10장 17절에도 "믿음은 들음에서 나며 들음은 그리스도의 말씀으로 말미암았느니라" 하였으니 말씀의 증거로 믿음이 생기게 해야 할 것이다.

만일 우리가 믿음으로 구원받는 축복의 말씀을 증거하지 않는다면 어떻게 사람들이 믿고 구원을 받겠는가? 동일하게 우리가 믿음으로 말미암은 마가복음의 능력과 이적의 은혜를 증거하지 않는다면 어떻게 사람들이 믿고 이와 같은 표적이적을 체험할 것을 기대할 것인가.

병 고치는 은사는 사도시대 이후로 사라진 것이 아니다. 초대교회 시대에 교회 중에서 증거되었던 믿음의 말씀이 교회의 세속화로 말미암아 우리들의 강단에서 사라진 것이다. 이로 말미암아 오늘날 우리들은 옛날과 같은 권능을 교회 안에서 소유하지 못하게 되었으니 이에 대해 변명할 것이 아니라, 회개하고 순복음의 진리로 돌아와 타협함이 없이 진리를 증거함으로 또 다시 옛 교회가 가졌던 권능을 회복해야 할 것이다.

07
신유가 중요하지 않다는 것은 사실인가?

오늘날 어떤 사람들은 신유가 중요하지 않다고 가르치며 나아가 현대의 교회에서는 신유가 필요없다고 주장한다. 그러나 사도들은 그렇게 가르치지 않았다. 예수님의 수제자 베드로의 서한에도 구원과 신유를 동시에 중요하다고 가르치고 있다.

"친히 나무에 달려 그 몸으로 우리 죄를 담당하셨으니 이는 우리로 죄에 대하여 죽고 의에 대하여 살게 하심이라 그가 채찍에 맞음으로 너희는 나음을 얻었나니" 벧전 2:24

그러므로 사도 베드로의 전도 사업은 영혼 구원의 증거와 함께 병 고치는 능력의 사역이었다.

"심지어 병든 사람을 메고 거리에 나가 침대와 요 위에 누이고 베드로가 지날 때에 혹 그의 그림자라도 누구에게 덮일까 바라고 예루살렘 부근의 수많은 사람들도 모여 병든 사람과 더러운 귀신에게 괴로움 받는 사람을 데리고 와서 다 나음을 얻으리라" 행 5:15~16

예수님의 가슴에 기대어 누웠던 사도 요한이야말로 예수님의 심정을 누구보다 잘 이해한 사람이었을 것이다. 그런데 요한도 병 고침이 필요없다고 말하지 않았다. 그는 베드로와 함께, 성전 미문가에서 구걸하던 날 때부터 앉은뱅이 된 자를 고쳐주었다. 또 그가 기록한 편지에는 이와 같은 열렬한 뜻을 표현했다.

"사랑하는 자여 네 영혼이 잘됨 같이 네가 범사에 잘되고 강건하기를 내가 간구하노라" 요삼 1:2

사도 요한은 우리의 영혼이 성결함을 날마다 더 깊이 얻는 것처럼 육신이 병에서 놓여나 강건해지기를 그냥 바란 것이 아니라, 간절히 바라고 구했던 것이다. 그러면 다른 사도들은 어떠했을까?

그들도 역시 신유와 기적의 나타남을 간절히 사모하였다.

"주여 이제도 그들의 위협함을 굽어보시옵고 또 종들로 하여금 담대히 하나님의 말씀을 전하게 하여 주시오며 손을 내밀어 병을 낫게 하시옵고 표적과 기사가 거룩한 종 예수의 이름으로 이루어지게 하옵소서" 행 4:29~30

또 하나님은 그 기도를 기쁘게 받으셨다. 그 증거가 이것이다.

"빌기를 다하매 모인 곳이 진동하더니 무리가 다 성령이 충만하여 담대히 하나님의 말씀을 전하니라" 행 4:31

그 결과 그들이 큰 권능으로 주 예수의 부활을 증언하니 무리가 큰 은혜를 받게 되었다행 4:33.

이곳에서 우리가 밝히 알 수 있는 바와 같이 사도들은 말씀의 증거와 신유와 이적을 분리해서 생각지 않았을 뿐만 아니라, 그들은 하나님의 이러한 이중적 은혜를 받기 위해 간절히 기도하였고 또 그렇게 가르쳤던 것이다약 5:14~16; 벧전 2:2.

사도 바울은 육신으로는 주 예수님에게서 직접 배우지 않았다. 그는 주님이 승천하신 후 놀라운 신앙 체험행 9:1~9을 통하여 주님을 믿게 되었다. 그리고 소명을 받아 사도 중 제일 크고 많은 일을 성취한 분이었다. 그리고 그는 여기에 대하여 이와 같이 기록했다.

"그러므로 내가 그리스도 예수 안에서 하나님의 일에 대하여 자랑하는 것이 있거니와 그리스도께서 이방인들을 순종하게 하기 위하여 나를 통하여 역사하신 것 외에는 내가 감히 말하지 아니하노라"롬 15:17~18

오늘날 어떤 사람들은 복음 증거와 함께 표적과 기사의 능력이며 성령의 능력으로 역사하는 것을 부끄럽게 생각할 뿐 아니라, 또한 다른 사람들이 이러한 일을 하는 것을 비난한다. 그러나 사도 중의 사도인 바울 사도는 이 모든 일로 인하여 자랑하였다.

"그리하여 내가 예루살렘으로부터 두루 행하여 일루리곤까지 그리스도의 복음을 편만하게 전하였노라" 롬 15:19

사도 바울은 복음 증거가 이 일로 인하여 성공할 수 있었고, 또 그것을 자랑했다.

오늘 우리들이 사도 바울이 행했던 이 일을 행하지 못함으로 교회 주위를 문명한 이방인들로 가득 채워 놓는 죄를 무엇으로 하나님 앞에 변명할 것인가? 우리의 발달한 지식과 철학과 교육이 과연 바울 사도가 자랑한 이 일보다 복음 증거에 효과적이었다면 우리는 왜 이와 같은 많은 문명의 이기를 갖고도 우리 사회에 그리스도의 복음을 편만하게 전하지채우지 못하고 있는가?

오늘날 우리가 사는 세대는 사도 바울이 사역했던 때보다도 오히려 더 많은 이방인들로 둘러싸여 있다. 그러니 우리가 어떻게 이방인들을 순종케 할 수 있겠는가? 우리가 하나님보다 지혜로운가? 우리는 끝까지 하나님께서 그 따르는 표적으로 말씀을 확실히 증거해야 된다는 것을 알아야 한다 막 16:20.

"하나님도 표적들과 기사들과 여러 가지 능력과 및 자기의 뜻을 따라 성령이 나누어 주신 것으로써 그들과 함께 증언하셨느니라" 히 2:4는 말씀을 버리고 하나님의 증거를 전할 때에 말과 지혜의 아름다운 것으로 하려고 고집할 것인가? 이 엄숙한 물음에 우리는 마땅히 대답해야 할 것이다.

그러므로 표적과 기사의 능력이며 성령의 능력을 비난하고 그러한 일들이 오늘날에는 필요없다고 말하는 것은 우리 자신의 무력함을 타당화하고 덮으려는 변명에 불과한 것이다. 표적과 기사의 능력과 성령의 능력은 복음의 승리적 증거에 반드시 필요하다. 교회 안에 하나님께서 세워 놓으신 이 은사를 우리는 주님의 영광을 위해서 사용해야만 한다.

물론 이와 같은 귀한 은사를 오용하거나 남용하여 많은 광신적인 일들이 생기는 것은 개탄할 일이다. 그러나 하나님의 선한 역사가 있을 때마다 마귀가 그것을 망쳐 놓으려고 광명한 천사의 모양으로 나타나 방해할 것이 자명하지 않은가? 더구나 주님의 사업에 크게 중요한 일이면 일일수록 악마의 발악은 더욱 심한 것이다.

옛 속담에 "구더기 무서워서 장을 못 담그랴?"라는 말이 있다. 우리는 그러한 일이 있을수록 뒤로 물러가지 말고 "성도에게 단번에 주신 믿음의 도를 위하여 힘써 싸우라"유 1:3는 말씀처럼, 마귀의 정체를 밝혀내고 진리를 말씀 위에 세우고 복음의 도리를 증진시켜야만 하겠다.

또한 모든 하나님의 교회가 하나님께서 이미 교회 중에 주신 그 은혜를 깨닫고 실천하게 되면 약한 양떼들이 갈급한 심령을 가지고 목자의 눈을 피하여 소위 은혜자를 찾아 이곳저곳으로 헤매다가 독초를 먹고 쓰러지는 불행을 미연에 방지할 수 있을 것이 아닌가!

사람은 영혼 속에 기적을 체험해 보고 싶어하는 천성을 가지고 있다. 왜냐하면 기적은 하나님께로부터 나오는 것이기 때문이다. 우리는 마귀가 인간의 본성의 요구를 악용해서 귀중한 영혼을 멸망으로 이끌어가지 못하도록 참된 우리 영혼의 목자이신 예수님의 능한 손길을 보여 주어야만 한다. 그러므로 기사와 이적이며 병 고치는 은혜는 중하고 필요하니 우리는 이를 위하여 사도들처럼 간절히 기도를 드려야 할 것이다.

08
병 고침은 예수님의 자비의 표현이다

만일 우리의 구원의 주되신 예수님께서 기사와 표적이며 신유의 능력과 은혜가 중요하지 않다고 말씀하셨다면 우리는 그 말씀에 절대로 복종해야 한다. 그러나 구주 예수님께서는 그렇게 말씀하시지 않으셨다. 물론 복음 증거에 있어서 우리 영혼의 구원이 무엇보다 먼저 와야 하며 이를 무엇보다도 앞세우지 않는 모든 일은 거짓되고 악한 일이다. 그렇다고 해서 또한 신유의 능력이 중요하지 않다거나 필요없다는 말을 주님께서는 결코 하시지 않으셨다.

실상 예수님은 공생애의 삼분의 이는 병자를 고치시는 일에 보내셨다. 복음서를 읽어본 사람은 누구나 우리 예수님은 위대한 의사이시라는 것을 인정할 것이다.

그러면 예수님께서는 왜 병을 고치시고 기사와 이적을 행하셨는가? 어떤 사람들은 그분이 메시아인 것을 증거하시고 나타내시기 위해서 그렇게 하셨다고 할 것이다. 그 말도 참말이다. 그러나 그것이 주님이 행하신 신유와 이적 전체를 설명해 주지는 못한다. 예수님을 비난하고 그분이 하나님께로서 오셨다는 것을 부인하는 무리 앞에서 주님께서는 이렇게 말씀하셨다.

"만일 내가 내 아버지의 일을 행하지 아니하거든 나를 믿지 말려니와 내가 행하거든 나를 믿지 아니할지라도 그 일은 믿으라 그러면 너희가 아버지께서 내 안에 계시고 내가 아버지 안에 있음을 깨달아 알리라" 요 10:37~38

이와 같이 예수님은 당신이 '메시아'인 것을 그 행하시는 일로써 증거하셨다.

예수님을 하나님의 어린 양으로 증거했던 세례 요한이 헤롯

왕에게 잡혀 옥살이를 하다가 예수님께서 속히 이스라엘을 로마의 통치에서 해방시키시지 않는 것을 보고 그만 낙심하고 의심하였다. 그래서 그가 정말 메시아인지 그렇지 않으면 또 다른 사람을 기다려야 될 것인지를 알려고 그의 제자들을 보내었을 때 예수님은 대답하셨다.

"예수께서 대답하여 이르시되 너희가 가서 보고 들은 것을 요한에게 알리되 맹인이 보며 못 걷는 사람이 걸으며 나병환자가 깨끗함을 받으며 귀먹은 사람이 들으며 죽은 자가 살아나며 가난한 자에게 복음이 전파된다 하라" 눅 7:22

요한은 정치적 메시아를 바랐으나 예수님은 로마보다 더 무서운 영적 마귀에 묶인 사람을 해방하는 메시아라는 것을 깨닫게 해 주시고 또 증거하셨다.

그러므로 믿는 사람들은 주님께서 그들에게 영적인 자유와 부흥을 가져다주었다. 그 증거로서 예수님께서는 질병과 고통과 및 악귀 들린 자를 많이 고치시고 또 소경을 보게 하시며 가난한 자에게 복음을 증거하심으로 당신이 메시아인 것을 나타내셨다.

"예수 그리스도는 어제나 오늘이나 영원토록 동일하시니라" 히 13:8는 말씀을 하나님의 참된 말씀으로 받아들일진대 우리들의 메시아이신 예수님은 오늘날도 당신이 참된 구주가 되심을 기사, 이적과 신유 등을 통해 확실히 증거하실 것이다. 또 옛날 친히 몸으로 오셨을 때 그 은혜로우신 말씀만으로 증거하시지 않으시고 능력으로 나타내셨었다. 그런데 하물며 오늘날 주님의 모습을 보지 못한 사람들에게 말로만 내가 구주라고 증거하시겠는가? 권능으로 오셔서 우리들에게 예수님께서 구주되심을 나타내심으로 믿을 만한 증거를 제시해 주시는 것이 얼마나 큰 은혜이랴.

그러므로 주께서 말씀하시기를 "내가 진실로 진실로 너희에게 이르노니 나를 믿는 자는 내가 하는 일을 그도 할 것이요 또한 그보다 큰 일도 하리니 이는 내가 아버지께로 감이라" 요 14:12고 하셨다. 또 승천하시기 직전에 제자들에게 명하신 말씀 중에 "믿는 자들에게는 이런 표적이 따르리니 곧 그들이 내 이름으로 귀신을 쫓아내며 새 방언을 말하며 뱀을 집어올리며 무슨 독을 마실지라도 해를 받지 아니하며 병든 사람에게 손을 얹은 즉 나으리라 하시더라"막 16:17~18고 하셨다.

과연 이 말씀을 듣고 제자들이 성령을 받은 후 나가 두루 전파할새 "……주께서 함께 역사하사 그 따르는 표적으로 말씀을 확실히 증언하시니라"막 16:20고 기록되어 있으니 기사와 이적, 신유의 은혜는 주님이 구주되심과 그 말씀의 진실됨의 증거물이 된다. 이러므로 우리가 이를 환영해야 될 것이요, 둥한히 여겨서는 안 될 것이다. 신유가 중요한 이유는 그것이 주님의 자비와 긍휼을 느끼게 하는 표현이기 때문이다.

시편 145편 8절에 다윗은 "여호와는 은혜로우시며 긍휼이 많으시며 노하기를 더디 하시며 인자하심이 크시도다"라고 했다. 주 예수님께서 세상에 육신으로 계실 때 그분은 가시는 곳마다 병들고 귀신 들려 앓으며 고생하는 자들을 불쌍히 여기셔서 고쳐주셨던 것이다.

"예수께서 나오사 큰 무리를 보시고 불쌍히 여기사 그 중에 있는 병자를 고쳐주시니라"마 14:14

"예수께서 불쌍히 여기사 손을 내밀어 그에게 대시며 이르시되 내가 원하노니 깨끗함을 받으라"막 1:41

이로 보아서 예수님의 병 고치심의 역사는 반드시 당신이 메시아 되심만 증거하시기 위하여 행하신 것은 아니었다.

예수님께서는 가시는 곳마다 불쌍히 여기심과 긍휼히 여기심으로 병든 자들을 다 고쳐주셨으니 주님의 긍휼과 자비의 역사를 누가 감히 막을 수 있겠는가? 어찌해서 주님의 긍휼과 자비가 중요하지 않으며 오늘날 교회에는 필요없다고 말하는가?

오늘날도 병든 자와 귀신 들린 자들이 이처럼 많고 저들은 눈물과 한숨 가운데서 시들어져가고 있는데 우리가 주님의 자비와 긍휼로 치료해 주시는 은혜를 비난하고 막는다면 그 책임이 대단히 중하지 않겠는가.

예수님께서는 "두세 사람이 내 이름으로 모인 곳에는 나도 그들 중에 있느니라"마 18:20고 말씀하셨고 또 히브리서에는 "예수 그리스도는 어제나 오늘이나 영원토록 동일하시니라"히 13:8 고 하셨다. 그러니 어찌하여 그분의 동일하신 긍휼과 자비심을 우리가 무시할 수 있는가?

누가 감히 예수님의 자비와 긍휼이 이제 끝났다고 말하겠으며 그분의 불쌍히 여기심은 이제는 기대할 수 없다고 하겠는가?

그러므로 성경은 부인하지 못하는 것이니 주 예수님께서 말씀하시기를, "그러나 내가 너희에게 실상을 말하노니 내가 떠나가는 것이 너희에게 유익이라 내가 떠나가지 아니하면 보혜사가 너희에게로 오시지 아니할 것이요 가면 내가 그를 너희에게로 보내리니"요 16:7라고 하셨다.

오늘날 부활하여 하나님 우편에 계신 주님은 "그러므로 그가 범사에 형제들과 같이 되심이 마땅하도다 이는 하나님의 일에 자비하고 신실한 대제사장이 되어 백성의 죄를 속량하려 하심이라"히 2:17고 하셨다.

또한 "우리에게 있는 대제사장은 우리의 연약함을 동정하지 못하실 이가 아니요 모든 일에 우리와 똑같이 시험을 받으신 이로되 죄는 없으시니라 그러므로 우리는 긍휼하심을 받고 때를 따라 돕는 은혜를 얻기 위하여 은혜의 보좌 앞에 담대히 나아갈 것이니라"히 4:15~16라고 권면하고 있는 것이다.

그분은 현재 자비하신 대제사장이시며 우리에게 '긍휼'하심을 주시기 원하사 은혜의 보좌 앞에 담대히 나오라고 하시는 것이다.

그러면 하나님은 오직 우리 영혼만 긍휼히 여기사 죄를 사하여 주시고 우리 육체는 고통 중에 내버려두고 죽게 하셨는가? 성경에 기록되기를 "예수께서 나오사 큰 무리를 보시고 불쌍히 여기사 그 중에 있는 병자를 고쳐 주시니라"마 14:14고 하셨다.

그러므로 병든 자들은 결코 낙심치 말아야 할 것이다. 주 예수님께서는 병든 자를 고칠 수 있는 능력이 있으실 뿐 아니라, 그분의 긍휼과 자비하심은 병든 자들의 고통을 보시고 불쌍히 여기사 고쳐 주시기를 원하신다. 이러므로 죄를 회개하고 믿음으로 주님께 의지해야만 할 것이다.

이 책을 다 읽을 때까지 기다릴 필요가 없다. 우리가 병 고치는 은혜를 무시하는 것은 주 예수님의 대제사장의 일을 무시하고 방해하는 것이다. 그분은 오늘날 자비하고 충성된 대제사장이시요, 그분의 하시는 일은 죄를 사하시고 병자를 불쌍히 여기사 고쳐 주시고 시험 받는 자들을 도와주시는 것이다. 그러므로 병 고치는 은혜는 주님의 긍휼과 자비의 나타남이니 귀하고 중요하며 오늘날 복음 증거에 없어서는 안 될 일이다.

09
천국의 기반이 되는 치료

예수님께서는 놀라우신 말씀을 하셨다.

"그러나 내가 하나님의 성령을 힘입어 귀신을 쫓아내는 것이면 하나님의 나라가 이미 너희에게 임하였느니라" 마 12:28

주님께서는 이 말씀을 통해 성령의 권세로 귀신을 쫓아내는 것이 천국의 임재라고 말씀하셨다. 또한 베드로도 초대교회의 성도들에게 하나님이 예수님께 성령과 능력을 기름 붓듯 하여 모든 사람을 고치셨다고 가르쳤다.

"하나님이 나사렛 예수에게 성령과 능력을 기름 붓듯 하셨으매 그가 두루 다니시며 선한 일을 행하시고 마귀에게 눌린 모든 사람을 고치셨으니 이는 하나님이 함께 하셨음이라" 행 10:38

이로 미루어보아 예수님께서 천국의 임재와 치료와는 분리시킬 수 없다는 것을 확증해 주셨다. 천국의 임재는 필연적으로 치료를 가져오게 된다는 것을 주님께서 친히 말씀하신 것이다. 이로 보건대 천국의 기초는 치료에 있다. 그러므로 천국을 만드신 메시아는 즉 치료자이셔야만 한다.

"요한이 그 제자 중 둘을 불러 주께 보내어 이르되 오실 그이가 당신이오니이까 우리가 다른 이를 기다리오리이까 하라 하매" 눅 7:19

이 말씀으로 미루어볼 때 감옥에 갇혀 있던 세례 요한의 번민을 능히 짐작하고도 남음이 있다. 세례 요한은 예수님의 메시아적 위치를 의심했던 것이다. 그러나 그 때 예수님께서는 분명하게 천국은 치료에 있으며 메시아는 치료자라는 것을 말씀하셨다.

"예수께서 대답하여 이르시되 너희가 가서 보고 들은 것을 요한에게 알리되 맹인이 보며 못 걷는 사람이 걸으며 나병환자가 깨끗함을 받으며 귀먹은 사람이 들으며 죽은 자가 살아나며 가난한 자에게 복음이 전파된다 하라" 눅 7:22

인간은 죄를 짓고 타락했기 때문에 죽음에 이르는 병에 걸리고 만 것이다. 그리하여 영혼은 나날이 부패해지고 육은 병들고 죽어가며 가정도, 사회도, 국가도, 세계도 썩어짐의 종노릇 하에서 신음하게 되었던 것이다. 그러므로 우리들을 이 사망의 저주에서 해방시켜줄 메시아 곧 영혼의 갈등과 육체의 썩어짐에서 고쳐줄 자는 반드시 치료자가 되어야만 하는 것이다.

눈에 보이지 않는 영혼의 병까지 고치셔서 새 사람이 되게 하시는 위대한 의사 예수님께서 그보다 못하고 또 낮은 육체를 고치시는 기적을 못 행하실 리가 없으며 또 고치시지 않으실 리도 만무하지 않은가? 천국의 임재는 치료에 있으며 천국을 가져다주시는 구주는 치료자이심을 성경은 밝히 증거하고 있다.

그러므로 천국을 전파하는 사업과 역사는 치료를 떠나서는 생각할 수조차 없는 것이다. 예수님께서는 천국을 전파하실 때 그 천국을 영혼의 치료와 육신의 치료를 통하여 듣고 보고 체험하게 하셨다.

구약의 마지막 책인 말라기 4장 2절에는 메시아에 관한 놀라운 예언이 기록되어 있다.

"내 이름을 경외하는 너희에게는 공의로운 해가 떠올라서 치료하는 광선을 비추리니 너희가 나가서 외양간에서 나온 송아지 같이 뛰리라"

바로 그 예언이 우리 주 예수님의 생애에 이루어졌던 것이다.

오늘날 교인들이 영육간 병든 자가 많고, 힘이 없고, 맥이 빠진 이유는 영과 육이 치료함을 받지 못했기 때문이다. 치료함을 받은 사람은 "외양간에서 나온 송아지 같이 뛰리라"말 4:2고 성경은 가르치고 있다.

당신에게 천국이 임했는가?
그렇다면 당신은 치료의 권능 안에 들어온 것이다.
당신은 주 예수님을 구주로 모시고 있는가?

그분이 바로 의로우신 태양이시요, 위대하신 치료자이시다.

그렇기 때문에 예수님께서는 천국의 전파와 병 고침을 분리해서 말씀하시지 않으셨다. 처음 열두 제자에게도 "회개하라 천국이 가까이 왔느니라"마 3:2고 하셨고 그 천국의 권능인 병 고침을 베풀라고 명하셨다. 그런 다음 칠십 인의 제자들에게도 복음을 전하고 처처에서 병을 고치라고 하셨던 것이다.

그뿐이랴! 주께서는 부활 승천하시기 전 천국을 믿음으로 마음속에 모셔들인 모든 사람들에게 "내 이름으로 귀신을 쫓아내며……병든 사람에게 손을 얹은즉 나으리라"막 16:16~18고 하신 것이다.

천국은 처음 구주 예수님께서 증거하셨고, 그 다음 열두 제자와 그 후는 칠십 인의 제자가 증거하였고, 오늘날은 모든 믿는 자들이 증거하게 되었다. 천국의 기초요, 나타남이신 치료가 오늘날 성도들을 통해 교회에 넘쳐흘러 온 세계를 덮어야 할 것이다.

한 곳에서 솟아난 물이 시내를 이루고, 시내가 합하여 강을 이루고, 강이 합하여 바다를 이루듯이 천국의 치료가 오늘날 바다를 이루어야 할 것이다. 그럼에도 불구하고 메마른 논과 같이 되었으니 농부이신 하나님께서 어찌 한탄하시지 않으시겠는가……?

　우리의 병 고침은 오늘날 교회에 단연코 필요한 것이다. 필요없다는 논란 자체조차 버리고 치료의 바닷속에 날래게 뛰어들어 먼저 우리부터 영혼과 육체가 고침을 받아야 할 것이다. 그 다음 우리는 영원한 천국이 예수님을 통하여 임하였다는 기쁜 소식을 전함과 동시에 천국의 속성인 치료의 은혜를 주 예수님의 이름으로 깨우치고, 알게 하고, 믿게 하여 우리를 괴롭히는 모든 귀신을 쫓고 마귀에게 눌린 모든 자를 고쳐야만 할 것이다. 천국 없는 교회는 생각할 수조차 없고 치료 없는 천국은 복음이 아니다.

01 _ 구약성경이 가르쳐주는 신유

02 _ 여호와 라파(의사)

03 _ 질병은 마귀가 가져다준다

04 _ 질병은 저주이다

05 _ 모세의 놋뱀과 예수님의 십자가

06 _ 이사야가 전해준 신유의 복음

07 _ 질병의 대속에 관한 신학자들의 말

2장

구약에 나타난 신유

01
구약성경이 가르쳐주는 신유

하나님께서 처음 사람을 만드셨을 때는 죽음이라는 것이 없었다. 그러나 하나님께서는 죄를 범하게 되면 반드시 죽는다고 말씀하셨다.

"여호와 하나님이 그 사람에게 명하여 이르시되 동산 각종 나무의 열매는 네가 임의로 먹되 선악을 알게 하는 나무의 열매는 먹지 말라 네가 먹는 날에는 반드시 죽으리라 하시니라" 창 2:16~17

사람이란 영과 육으로 만들어졌기 때문에 죽음도 영과 육이 함께 당하게 된다.

하와가 뱀마귀의 꾐을 받아 하나님께서 먹지 말라는 선악을 알게 하는 나무의 열매를 따 먹었고 또 남편 아담에게도 주어 먹게 하였다. 그리하여 그들은 하나님의 명령을 어기고 죽음의 심판을 받게 되었다.

"네가 흙으로 돌아갈 때까지 얼굴에 땀을 흘려야 먹을 것을 먹으리니 네가 그것에서 취함을 입었음이라 너는 흙이니 흙으로 돌아갈 것이니라 하시니라" 창 3:19

이 말씀이야말로 인간 비애의 시작이었다. 아담과 하와가 하나님을 거역하므로 즉시 하나님과의 교제가 끊어져 영이 죽고 말았다. 여기에서 '죽음'이란 것은 없어진다는 뜻이 아니라, 생명의 근원 되시는 하나님과 분리됨으로 부패해지기 시작했다는 것을 말한다.

하나님께서는 그런 상태가 된 아담과 하와가 혹시나 생명나무 열매를 먹고 영혼이 죽은 상태에서 그 육체만 영원히 죽음을 면하게 될까 염려하셨다. 그래서 하나님께서는 그들을 에덴에서 쫓아내신 것이다.

"여호와 하나님이 이르시되 보라 이 사람이 선악을 아는 일에 우리 중 하나 같이 되었으니 그가 그의 손을 들어 생명나무 열매도 따먹고 영생할까 하노라 하시고" 창 3:22

그 때로부터 사망의 권세가 인간의 영혼을 부패시키고 육체를 죽이기 시작하였다. 이와 같이 인간의 죽음은 죄로 말미암은 것이므로 인간의 삶도 대속의 은혜로 말미암아야 하는 것이다. 그리고 현재 우리들의 육체의 죽음은 그보다 먼저 죽은 영혼으로 말미암은 것이다. 여기에 관하여 욥은 적절한 풍자로 그 사실을 말해 주고 있다.

"질병이 그의 피부를 삼키리니 곧 사망의 장자가 그의 지체를 먹을 것이며" 욥 18:13

욥이 말한 '사망의 장자'란 영혼의 죽음을 말하며, 이 영혼의 죽음이 영혼의 집인 지체 즉, 피부를 먹을 것이라는 뜻이다. 아담이 범죄했을 때 그의 영혼은 즉시로 죽었으며 그 결과로 그 육체도 먼저 죽은 사망의 장자로 말미암아 서서히 먹히기 시작되는 것이다.

하나님께서 인간의 육체를 얼마나 완전하게 만드셨던지 영혼이 죽은 후에도 그 사망의 세력이 육체를 죽이는 데 거의 천 년에 가까운 세월이 걸렸다. 그러나 오늘날과 같이 죄악이 관영한 시대에는 사망의 세력이 육체를 죽이는 데 백 년도 걸리지 않는다. 이로 미루어볼 때, 얼마나 인간이 죄악에 묶여 있는지를 쉽게 알 수 있다. 우리 영혼의 죽음은 죄로 말미암은 것이요, 육체의 죽음은 영혼의 죽음으로 다가온다.

그러므로 오늘날 우리의 육체를 죽이는 질병은 그 치료 방법을 항상 물질적인 면에서만 찾아서는 안 된다. 영적인 면에서 찾아야 한다. 왜냐하면 육체를 죽이는 사망의 세력은 우리의 영혼과 밀접한 관계가 있으며, 영혼의 죽음은 명확히 죄로 말미암은 것이기 때문이다. 이러므로 야고보는 그의 편지에서 "너희 죄를 서로 고백하며 병이 낫기를 위하여 서로 기도하라" 약 5:16고 했다.

그러므로 우리의 병 고침은 명확히 예수님의 대속의 은혜 속에 있어야 하며 또 우리는 죄 사함을 받음과 동시에 육체의 병 나음을 얻어야 할 것이다.

그렇다면 우리가 죄 사함을 받고 난 후 죽을 필요가 없지 않느냐고 묻는 사람이 있을 수 있다. 그러나 그것은 그렇지 않다. 우리는 값없이 죄 사함을 받고 중생의 은총을 얻었으므로 점차 완전한 성결로 나아가야 한다. 그러다가 우리 주님께서 강림하시는 그 날 우리의 영혼도 완전해지고 육체도 사망을 완전히 벗어난 부활의 몸을 얻게 되는 것이다. 그렇기 때문에 "맨 나중에 멸망 받을 원수는 사망이니라"고전 15:26고 했다.

우리가 주님의 십자가 대속의 은총을 통하여 성령의 처음 익은 열매인 중생을 얻었다면 우리의 육체도 그 부활의 처음 익은 열매인 병 없는 건강을 얻어야 마땅하다.

결국 인간의 영혼과 육체의 죽음이 죄로 말미암아 오게 된 것이므로 거기에 대한 해결책도 영혼과 함께 죄의 문제를 해결한 예수님의 십자가 대속의 은혜 가운데서 얻을 수 있다는 것이다. 신유란 주님의 구원과 관련 없는 하나의 동떨어진 것이 아님을 명심해야 한다.

사람이 범죄하자 그의 영혼은 즉시로 하나님과 분리되어 죽게 되었다. 이러므로 오늘날 우리가 주 예수님을 구주로 모실 때 우리의 영혼은 즉시로 죄 씻음을 받아 사망에서 생명으로 옮겨지며 하나님과 화목하게 된다. 그러나 육체의 사망과 분해는 서서히 진행되었으므로 육체는 우리 안에 거하시는 '생명의 성령'의 역사로 서서히 사망에서 해방을 얻게 되는 것이다. 이러므로 사도 바울은 그의 서신 중에서 성령으로 말미암아 우리의 죽을 몸이 살게 될 것이라고 했다.

"예수를 죽은 자 가운데서 살리신 이의 영이 너희 안에 거하시면 그리스도 예수를 죽은 자 가운데서 살리신 이가 너희 안에 거하시는 그의 영으로 말미암아 너희 죽을 몸도 살리시리라" 롬 8:11

여기에 '죽을 몸도 살리시리라'는 말은 부활을 의미하는 것이 아니다. 만일 부활을 의미한다면 '죽은 몸도 살리시리라'고 했을 것이다. 그러므로 이 말씀은 신유를 뜻하는 것이다. 기한 전에 우리의 육체를 죽이려는 사망의 시작인 병을 물리쳐 예수의 생명이 우리 몸에 나타나게 하려는 것이다.

"우리 살아 있는 자가 항상 예수를 위하여 죽음에 넘겨짐은 예수의 생명이 또한 우리 죽을 육체에 나타나게 하려 함이라"고후 4:11

예수님이 강림하실 때까지 우리의 육체는 죽는다. 그리고 무덤에서 부활을 기다리게 되는 것이다. 그러나 이와 같이 죽을 육체에 중생으로 인한 성령의 내주로 예수님의 생명이 나타나게 하는 신유는 사망의 처음 열매인 질병을 없애는 데 있다.

이와 같이 우리는 질병 없는 건강을 가지고 살다가 때가 오면 잠들게 될 것이요, 잠들기 전에 주께서 오시면 죽지 않을 몸으로 변화를 입게 되는 것이다. 그러므로 육체의 구원은 처음에 사망의 첫 열매인 질병을 멸하고 마지막 주님 강림하실 때 죽음 그 자체를 주님께서 멸망시키실 것이다.

02
여호와 라파(의사)

앞에서 기록한 사실을 통해서 잘 알 수 있는 바와 같이 질병은 죄의 소산이며 하나님의 사랑의 선물이 아니요, 형벌이지 상급이 아닌 것이다. 그러므로 사람이 타락하고 난 이후 비록 "썩어짐의 종 노릇" 롬 8:21 하는 가운데서 살면서도 돌이켜 하나님께 순종하고 그 율법을 지켰을 때는 상당하게 하나님의 은총을 받았으며 하나님은 그들 중에 병을 고쳐주시고 또 병을 제하여 주셨다.

그러므로 인생에 대한 하나님의 참 뜻은 병 앓는 것보다 병 고침을 주시는 데 있는 것이다. 모세가 약 이백만이 넘는 이스라엘 백성을 거느리고 죄악과 속박의 땅 애굽을 떠나 홍해를 기적적으로 건너서 수르 광야에 왔었을 때 하나님은 신유의 언약을 그들에게 주셨다.

"모세가 여호와께 부르짖었더니 여호와께서 그에게 한 나무를 가리키시니 그가 물에 던지니 물이 달게 되었더라 거기서 여호와께서 그들을 위하여 법도와 율례를 정하시고 그들을 시험하실새 이르시되 너희가 너희 하나님 나 여호와의 말을 들어 순종하고 내가 보기에 의를 행하며 내 계명에 귀를 기울이며 내 모든 규례를 지키면 내가 애굽 사람에게 내린 모든 질병 중 하나도 너희에게 내리지 아니하리니 나는 너희를 치료하는 여호와임이라" 출 15:25~26

과연 이 말씀과 같이 이백만이 넘는 남녀노유가 집단 이동을 하는데 위생 시설이 전혀 없고 의식주가 말이 아니었던 광야를 지나면서 만일 하나님께서 그들을 치료해주시지 않았더라면 질병으로 죽고 중도에서 쓰러지는 자가 부지기수였을 것이다.

그러나 그 모든 사람들이 이 하나님의 언약을 믿고 순종한 결과 그들은 모두 치료함을 입어 병들거나 약하여 쓰러진 자가 한 사람도 없었다. 시편 기자는 성령의 감동으로 그 때를 노래하여 이르되 "마침내 그들을 인도하여 은금을 가지고 나오게 하시니 그의 지파 중에 비틀거리는 자가 하나도 없었도다" 시 105:37라고 했다.

이스라엘 백성들이 애굽에서 나온 것은 오늘날 우리 성도들이 죄악에서 해방되어 나온 모형이다. 홍해를 건넜다는 것은 성도의 중생을 말한 것이다.

성도가 세상에서 사는 것은 천국 가나안에 들어가기까지 광야의 길이다. 그러니 오늘날 "더 좋은 약속으로 세우신 더 좋은 언약"히 8:6에서 "더 좋은 언약의 보증"히 7:22이신 예수님을 따라가는 우리들에게 영육간의 치료하심이 없을 리가 만무한 것이다.

마치 하나님께서 모세를 통하여 이스라엘 백성에게 신유의 언약을 주신 것처럼 우리 주 예수님께서도 우리들에게 승천하시기 직전 치료의 약속을 주셨으니 그 약속은 믿음으로 말미암은 영혼의 구원을 따라 주신 신유의 언약인 것이다.

"믿는 자들에게는 이런 표적이 따르리니 곧 그들이 내 이름으로 귀신을 쫓아내며 새 방언을 말하며 뱀을 집어올리며 무슨 독을 마실지라도 해를 받지 아니하며 병든 사람에게 손을 얹은즉 나으리라" 막 16:17~18

그 후로 성령께서는 또다시 야고보로 말미암아 각 교회에 보내는 편지를 통해서 교회 안에서 병을 물리칠 것을 명하셨다.

"너희 중에 병든 자가 있느냐 그는 교회의 장로들을 청할 것이요 그들은 주의 이름으로 기름을 바르며 그를 위하여 기도할지니라 믿음의 기도는 병든 자를 구원하리니 주께서 그를 일으키시리라 혹시 죄를 범하였을지라도 사하심을 받으리라 그러므로 너희 죄를 서로 고백하며 병이 낫기를 위하여 서로 기도하라" 약 5:14~16

구약시대나 신약시대나 병에 대한 하나님의 태도는 동일하시다. 하나님의 뜻은 병을 주시는 데 있지 않으시고 살리시는 데 있으니 그의 영원한 성호이신 "여호와 라파 치료하는 여호와" 출 15:26를 온갖 정성을 다하여 찬양해야 할 것이다. 하나님께서는 그 후에 또다시 출애굽기 23장 25~26절에 "네 하나님 여호와를 섬기라 그리하면 여호와가 너희의 양식과 물에 복을 내리고 너희 중에서 병을 제하리니 네 나라에 낙태하는 자가 없고 임신하지 못하는 자가 없을 것이라 내가 너의 날 수를 채우리라"고 하셨다.

하나님께서는 택한 백성들이 병을 앓거나 날 수가 다하기 전에 죽는 것을 결코 원하지 않으신다. 하물며 은혜 시대에 사는 성도들이야 더 말할 필요가 있으랴. 이로 보아서 하나님의 근본 뜻은 죽지 않는 데 있고, 또 인간이 죄를 범하여 죽음의 선고를 받았을지라도 하나님의 뜻은 사람들이 당신에게 순종하고 병 고침을 받아 명대로 살기를 원하시는 것이다. 하나님의 뜻이 온전히 이루어지는 그 날에는 "모든 눈물을 그 눈에서 닦아 주시니 다시는 사망이 없고 애통하는 것이나 곡하는 것이나 아픈 것이 다시 있지 아니하리니 처음 것들이 다 지나갔음이러라"계 21:4라고 하셨다.

그러므로 우리는 이와 같은 하나님의 마음을 알고 난 다음 내가 병이 낫고 명대로 사는 것이 하나님의 뜻임을 분명히 알아야만 한다. 그렇다면 우리가 지체할 것이 무엇인가?

하나님을 배반하고 자행자지自行自止하여 저주의 생활을 해온 과거를 회개하고 담대히 하나님 앞에 나아와 주 예수님 이름으로 병 고침 받기 위해서 기도하자.

"그를 향하여 우리가 가진 바 담대함이 이것이니 그의 뜻대로 무엇을 구하면 들으심이라 우리가 무엇이든지 구하는 바를 들으시는 줄을 안즉 우리가 그에게 구한 그것을 얻은 줄을 또한 아느니라" 요일 5:14~15

우리는 이제 하나님의 뜻을 좇아 나음을 입었으니 비록 눈에는 아무 증거가 안 보일지라도, 귀에 들리는 것이 없을지라도, 손에 잡히는 것이 없을지라도, 단호히 병을 박차고 일어나자. 그리고 더 높은 우리 주 하나님을 구주 예수님의 이름으로 찬미하자.

03
질병은 마귀가 가져다준다

질병이 우리의 육체를 물고 찢을 때 우리는 외부로 나타나는 병의 증상에만 관심을 가지고 그것을 고치려고 애를 쓴다. 그러나 성경은 질병의 근본적인 뿌리에 대해 말씀의 검으로 쪼개어 밝히 보여 주고 있다.

그러면 질병을 가져오는 근본적인 뿌리는 무엇인가? 바울 사도는 이렇게 말씀한다.

"죄의 삯은 사망이요 하나님의 은사는 그리스도 예수 우리 주 안에 있는 영생이니라" 롬 6:23

'죄의 삯'은 사망이다. 그러므로 사망을 가져오는 눈에 보이지 않는 질병의 뿌리는 죄인 것이다. "죽음의 세력을 잡은 자 곧 마귀"히 2:14가 끊임없이 질병을 일으켜 인간을 "도둑질하고 죽이고 멸망시키려는"요 10:10 파괴적인 역사를 계속하고 있는 것이다.

그러므로 질병에 대한 완전한 치료는 영적인 치료가 없이는 안 되는 것이다. 질병 자체가 물질적인 것뿐만 아니라 영적인 것이기 때문이다. 사람들의 육체가 살아 움직이는 것은 우리 몸속에 우리의 영이 거하고 있기 때문이다. 그러나 일단 우리의 영이 우리의 몸을 떠나게 되면 그 육체가 아무리 강건하고 튼튼하다 할지라도 곧 활동을 중지하고 썩어지기 시작하는 것이다.

누가복음 8장에서 회당장 야이로는 그의 딸이 죽어갈 때 예수님을 청하여 기도 받기를 원했다. 그러나 가는 도중 그 딸이 죽자 많은 사람들이 울며 통곡할 때, 예수님께서는 가서서 아이의 손을 잡고 "아이야 일어나라."고 하셨다. 그러자 그 아이의 영이 돌아와 죽었던 아이가 곧 일어났다눅 8:55.

이처럼 육체의 생명은 영이 주관하는 것이다. 그래서 성경에 "사람의 심령은 그의 병을 능히 이기려니와 심령이 상하면 그것을 누가 일으키겠느냐"잠 18:14고 했다. 또한 "마음의 즐거움은 양약이라도 심령의 근심은 뼈를 마르게 하느니라"잠 17:22고도 했다.

사람의 성령은 육체를 다스리고 육체는 영혼이 몸속에 살아 있는 한 살아서 움직이는 것이다. 그런데 생각해 보라. 이와 같은 사람의 영심령이 죄로 인하여 사망의 권세에 사로잡히게 되면 사망의 권세를 잡은 마귀가 어찌 자유자재로 사람의 육체를 깨뜨리지 않겠는가. 그러므로 진실 되고 참된 육체의 건강은 영혼이 구원을 받아 사망의 권세에서 놓여나고 하나님의 생명으로 충만하게 될 때 얻어지는 것이다.

그러면 또다시 질병에 대한 설명으로 돌아가자. 질병 그 자체는 하나의 생명체이다. 살아서 움직이고 그 세력을 확장시킨다. 그리하여 결국은 사람이 육체의 생명을 이기고 그것을 파괴해 버리는 것이다. 질병은 눈에 보이지 않지만 사망의 세력을 잡은 마귀가 그 생명력을 유지시키며 공급해준다. 그러므로 영혼 없는 몸이 죽은 몸인 것과 같이 마귀의 영이 떠나게 되면 질병도 생명력을 잃게 되어 우리 몸에 치료가 임하게 되는 것이다. 질병의 생명력은 마귀의 영이 공급하며 마귀의 영이 떠나가면 질병은 저절로 소멸되어 버리고 만다. 그렇기 때문에 성경은 이렇게 밝히 가르치셨다.

"하나님이 나사렛 예수에게 성령과 능력을 기름 붓듯 하셨으매 그가 두루 다니시며 선한 일을 행하시고 마귀에게 눌린 모든 사람을 고치셨으니 이는 하나님이 함께 하셨음이라" 행 10:38

예수님께서 고치신 모든 병은 그 배후에 마귀가 생명력을 공급하고 있으며 예수님께서 이 마귀의 영을 쫓아내시자 질병의 힘은 꺾여 버렸고 상처 입은 육체에 예수님이 생명을 공급하심으로 깨끗이 낫도록 하신 것이다.

그런데 어떤 사람들은 "질병은 병균으로 오는 것이지 어떻게 마귀의 영이 갖다주는 것이냐?"라고 반문한다.

쉬운 예로 인간의 생명은 그 처음 출발이 부모로 말미암아 생명의 씨의 결합으로 이루어지는 것이 아닌가? 그러면 그 생명의 씨는 어디에서 생명을 얻게 되었는가? 하나님께로부터 얻은 것이다. 하나님께서 생명을 거두시면 인간 육체는 파괴되고 만다. 여러 가지 병균질병의 씨에게 파괴적인 생명력을 공급하는 자는 마귀이니, 질병에 생명력을 주는 것은 마귀의 영이다. 병은 죽이는 것이매 그것이 죄로 말미암아 온 것이요, 죄의 화신인 악마는 사망의 세력을 잡고 있다.

그러므로 육체의 병 고침을 받기를 원하는 사람은 마귀의 가장 큰 무기인 죄와 사망을 없애기 위하여 죄를 고백하고 주 예수님을 믿어야 한다. 그리함으로써 영혼 속에서 악마의 영의 역사를 물리치고 생명의 성령의 역사를 받아들여야 된다. 그리고 주님의 이름으로 기도하면 악마는 떠나가고 주님의 생명이 우리 몸속에 부어지는 것이다. 마귀의 영이 우리의 몸에서 쫓겨 나가면 영혼 없는 몸이 죽은 몸인 것처럼 마귀의 영이 없는 병은 죽은 병이 되고 병균은 말라 죽어버리고 병도 소멸되고 마는 것이다.

04
질병은 저주이다

하나님께서 사람을 버리신 것이 아니다. 사람이 하나님을 배반하고 하나님을 떠난 것이다. 하나님은 공의의 하나님이시므로 죄를 지은 사람들에게 반드시 합당한 형벌을 내리셔야만 했다. 그러나 하나님은 사랑의 하나님이시기 때문에 죄를 짓고 타락한 인간에게 형벌만을 내리실 수 없으셨다. 불쌍히 여기사 구원받을 수 있는 길을 마련해 주셨다.

질병과 사망의 저주와 고통은 모두 다 인간이 하나님을 배반하고 마귀와 짝하였기 때문에 온 것이다. 그럼에도 하나님의 부르심과 권유와 사랑을 사람들이 끝까지 배반하고 응하지 않을 때에는 하나님께서도 어찌하실 수 없기 때문에 사람들을 그 상실한 마음대로 내버려두신다.

"그들의 그릇됨에 상당한 보응을 그들 자신이 받았느니라" 롬 1:27

신명기 28장 하반절에 잘 설명되어 있다. 하나님을 배반하고 그 율법을 순종치 않음으로 인하여 '그들의 그릇됨에 상당한 보응'을 받는 중에 받게 될 그 무서운 질병들이 기록되어 있다. 그러므로 질병은 하나님의 사랑의 선물이 아니라, 죄로 인한 율법의 저주로 오는 것이다. 죄와 저주와 사망의 집행관인 악한 마귀가 우리를 "도둑질하고 죽이고 멸망 요 10:10 시키려는 발버둥인 것이다.

오늘날과 같이 주님을 믿지 않는 세상에 하나님이 긍휼과 자비하심으로 햇빛과 비를 내려주시듯이 주님께서 악마의 역사를 막아주시지 않으셨더라면 이 세상은 벌써 멸망되고 말았을 것이다. 하나님께서 하나님의 선하심을 나타내시기 위해 회개하고 돌이킬 기회를 우리에게 주시기 위해 지켜 주시지 않았더라면 우리는 이미 오래 전에 소돔과 같이 되고 고모라와 같이 되었을 것이다.

그러면 하나님을 배반하고 하나님의 법을 지키지 않음으로 말미암아 하나님께로부터 허락하신 형벌과 저주 중에 육체에 다가오는 질병에 대해서 알아보기로 하자.

"네가 악을 행하여 그를 잊으므로 네 손으로 하는 모든 일에 여호와께서 저주와 혼란과 책망을 내리사 망하며 속히 파멸하게 하실 것이며 여호와께서 네 몸에 염병이 들게 하사 네가 들어가 차지할 땅에서 마침내 너를 멸하실 것이며 여호와께서 폐병과 열병과 염증과 학질과 한재와 풍재와 썩는 재앙으로 너를 치시리니 이 재앙들이 너를 따라서 너를 진멸하게 할 것이라" 신 28:20~22

"여호와께서 애굽의 종기와 치질과 괴혈병과 피부병으로 너를 치시리니 네가 치유 받지 못할 것이며 여호와께서 또 너를 미치는 것과 눈 머는 것과 정신병으로 치시리니" 신 28:27~28

"여호와께서 네 무릎과 다리를 쳐서 고치지 못할 심한 종기를 생기게 하여 발바닥에서부터 정수리까지 이르게 하시리라" 신 28:35

04 질병은 저주이다

"여호와께서 네가 두려워하던 애굽의 모든 질병을 네게로 가져다가 네 몸에 들어붙게 하실 것이며 또 이 율법책에 기록하지 아니한 모든 질병과 모든 재앙을 네가 멸망하기까지 여호와께서 네게 내리실 것이니" 신 28:60~61

이 얼마나 두렵고 떨리는 저주인가!

이것이 바로 하나님을 배반하고 육신의 정욕을 따라 사는 자에게 내린 율법의 저주인 것이다. 그런데 이와 같은 현상이 오늘날 전 세계적으로 우리 눈앞에서 일어나고 있다. 그럼에도 불구하고 회개하지 않는 인생의 완악함이 참으로 어리석지 않은가. 오늘날 병원마다 쇄도하는 환자들의 증가율을 보면 위에 기록된 하나님의 말씀은 일점일획까지 정확하다는 것을 여실히 알 수 있다.

전 장에서 질병은 마귀가 가져오는 것이라고 했는데 여호와께서 치신다니 그 무슨 상반된 말인가? 이 문제는 쉽게 해결할 수 있다.

신약성경에 예수님께서 병든 자를 고치신 역사를 성령께서는 베드로의 입을 통하여 이렇게 말씀하셨다.

"하나님이 나사렛 예수에게 성령과 능력을 기름 붓듯 하셨으매 그가 두루 다니시며 선한 일을 행하시고 마귀에게 눌린 모든 사람을 고치셨으니 이는 하나님이 함께 하셨음이라"행 10:38

이 말씀을 통해서 밝히 알 수 있는 바와 같이 병 그 자체는 억압으로 오나 마귀의 억압을 받는 그 사람은 하나님의 법을 어기고 타락했기 때문에 하나님께로부터 버림을 받게 되어 마귀에게 병으로 억압을 받게 내어주신 바 된 것이다.

욥기를 보면 이 사실을 더욱 명확히 알 수 있다.

"여호와께서 사탄에게 이르시되 내가 그를 네 손에 맡기노라 다만 그의 생명은 해하지 말지니라"욥 2:6

그리고 그 다음 장면을 보면 "사탄이 이에 여호와 앞에서 물러가서 욥을 쳐서 그의 발바닥에서 정수리까지 종기가 나게 한지라"욥 2:7고 기록되어 있다.

그러므로 질병은 인간의 범죄로 말미암아 율법의 저주를 받아 마귀의 손에 붙인 바 됨으로 마귀의 침략과 억압으로 발생되는 것이다. 또 바울 서신에서 "모든 사람이 죄를 범하였으매 하나님의 영광에 이르지 못하더니"롬 3:23라고 기록된 것을 보면, 오늘날 모든 사람들이 마귀에게 붙인 바 되어 질병의 공격하에 놓여 있다는 것을 알 수 있다. 그렇기 때문에 의학적인 방법만으로는 세상의 질병을 결코 정복할 수가 없다. 한 가지 질병을 정복하면 마귀가 또 다른 질병을 가져오기 때문이다.

그러면 어떻게 해야 할 것인가? 인류가 죄 사함을 받고 율법의 저주에서 그 중의 하나로 병도 들어 있음 해방을 얻기 전에는 질병에서 완전히 놓여날 수가 없다. 그런데 성경은 여기에 복된 소식을 전해주고 있다.

"그리스도 예수 안에 있는 속량으로 말미암아 하나님의 은혜로 값없이 의롭다 하심을 얻은 자 되었느니라"롬 3:24

"그리스도께서 우리를 위하여 저주를 받은 바 되사 율법의 저주에서 우리를 속량하셨으니 기록된 바 나무에 달린 자마다 저주 아래

에 있는 자라 하였음이라" 갈 3:13

이와 같은 약속과 은혜의 말씀을 읽어 볼 때 하나님께서 우리를 향하신 그 크신 사랑을 깨달을 수 있다.

하나님의 공의는 법을 따라 범죄한 인생에게 형벌을 내리신다. 그러므로 죄를 범한 죄인은 율법의 저주를 받게 되는 것이다. 하나님께서 죄인들을 마귀의 손에 붙이사 질병으로 치게 하신 것이다. 그러나 하나님의 사랑은 질병으로 고통받고 있는 사람들을 불쌍히 여기사 독생성자 예수님을 육신의 몸으로 보내주셨다. 그리하여 예수님이 우리의 불순종과 죄를 대신 받게 하셨다.

예수님이 친히 저주를 받으심으로 신명기 28장에 있는 율법의 저주에서 우리를 속량하여 주신 것이다. 이러므로 질병은 바로 율법의 저주인 것이다.

오늘날 우리가 진정으로 죄를 자백하고 주 예수님의 보혈의 능력을 의지하면 죄 사함을 받고 구원을 받게 된다. 자동적으로 율법의 저주에서 놓여나게 되고 주님께서 "우리를 흑암의 권세에서 건져내사 그의 사랑의 아들의 나라로 옮기셨으니"골 1:13라고 하신 바와 같이 우리는 율법의 저주인 질병에서 놓여날 수 있는 것이다.

이것을 믿어야 한다. 오늘날 많은 교인들이 주님을 믿고 죄 사함을 받았음에도 불구하고 질병에 여전히 묶여 있는 까닭은 이 진리를 확실히 깨닫지 못하고 있기 때문이다. 그리하여 마귀에게 불법으로 눌려 있는 것이다.

그러면 왜 하나님께서는 그러한 사람을 구원받은 즉시 고쳐 주시지 않으실까? 우리가 누구이기에 하나님을 원망하는고! 성경은 그와 같은 일은 구원받은 우리가 하라고 말씀하신다.

기록하였으되 "그런즉 너희는 하나님께 복종할지어다 마귀를 대적하라 그리하면 너희를 피하리라"약 4:7고 했으며, "근신하라 깨어라 너희 대적 마귀가 우는 사자 같이 두루 다니며 삼킬 자를 찾나니 너희는 믿음을 굳건하게 하여 그를 대적하라"벧전 5:8~9고 명하신다.

또한 주님을 믿는 사람들이 질병에 걸릴 때는 당장 병원이나 약국을 향하여 줄달음질을 치는 대신 먼저 영적인 문제부터 진실 되게 해결하라고 성경은 명하고 있다.

"그러므로 너희 죄를 서로 고백하며 병이 낫기를 위하여 서로 기도하라 의인의 간구는 역사하는 힘이 큼이니라"약 5:16

그러므로 믿음의 식구들이 병이 들었을 때는 마땅히 "어디서 떨어졌는지를 생각하고 회개하여 처음 행위를 가지라"계 2:5고 하셨다. 주께 돌아오며 병 낫기를 위하여 기도하고 병마를 단호히 대적할 때 마귀는 떠나가고 건강을 회복할 수 있게 되는 것이다.

그렇기 때문에 참으로 무서운 것은 죄로 말미암아 온 영혼의 병인 것이다. 육신의 질병만 낫겠다고 욕심으로 애쓰지 말고 천지의 대주재 되시는 하나님 앞에 죄를 통회 자복하고 주 예수님의 십자가 보혈로 죄 씻음을 받아 율법의 저주에서 해방을 받아야 할 것이다. 그렇게 하여야만 죄에서 놓여나 병에서 회복되고 자유롭게 건강을 누릴 수 있는 복을 받게 되는 것이다.

05
모세의 놋뱀과 예수님의 십자가

구약성경에 기록된 신유의 약속은 신약성경 못지않게 풍부하다. 그 중에 신약시대의 그리스도의 대속사역에 병 고침이 포함되어 있다는 것을 뚜렷이 모형으로 보여준 사실이 있다.

민수기 21장 4절부터 9절까지에 기록된 기사이다. 그곳에서 예수님께서 수난을 받으시고 질병을 대속해주실 것임을 확실히 증언해 주고 있다.

"백성이 호르 산에서 출발하여 홍해 길을 따라 에돔 땅을 우회하려 하였다가 길로 말미암아 백성의 마음이 상하니라 백성이 하나님과 모세를 향하여 원망하되 어찌하여 우리를 애굽에서 인도해 내어 이 광야에서 죽게 하는가 이 곳에는 먹을 것도 없고 물도 없도다 우리 마음이 이 하찮은 음식을 싫어하노라 하매 여호와께서 불뱀들을 백성 중에 보내어 백성을 물게 하시므로 이스라엘 백성 중에 죽은 자가 많은지라 백성이 모세에게 이르러 말하되 우리가 여호와와 당신을 향하여 원망함으로 범죄하였사오니 여호와께 기도하여 이 뱀들을 우리에게서 떠나게 하소서 모세가 백성을 위하여 기도하매 여호와께서 모세에게 이르시되 불뱀을 만들어 장대 위에 매달아라 물린 자마다 그것을 보면 살리라 모세가 놋뱀을 만들어 장대 위에 다니 뱀에게 물린 자가 놋뱀을 쳐다본즉 모두 살더라" 민 21:4~9

이와 같이 이스라엘 백성들이 하나님을 원망하는 범죄를 저질러 그 죄의 값으로 불뱀에게 물려 죽게 되었던 것이다.

원래부터 그 곳은 불뱀이 많이 서식하던 곳이었을 것이며 그 때까지 그들이 무사했던 이유는 하나님께서 보호해 주셨기 때문이었다.

그러나 그들이 범죄하자 하나님의 보호가 떠나고 불뱀들은 떼를 지어 백성들을 물어 죽였다. 이 불뱀은 마귀를 상징하는 것으로 하나님의 보호가 성도들을 떠나게 되면 언제든지 마귀는 우는 사자와 같이 삼키려고 우리에게 덤벼든다는 것을 의미한다.

그러나 이스라엘 백성들이 그들의 죄를 자백하고 하나님께로 순복하고 돌아오자 하나님께서는 모세를 시켜 놋으로 뱀을 만들어 장대에 높이 매어 달게 하셨다. 그리고 누구든지 그것을 쳐다보는 사람들은 고침을 받게 하셨다. 이 성경의 기사는 사망권세를 갖고 우리를 괴롭히던 원수 마귀가 예수님의 십자가 앞에서 처절하게 패배 당할 것임을 예언적으로 보여 주는 사건이다. 이 예언은 바로 주 예수 그리스도의 십자가 사건을 통해 문자 그대로 완전하게 이루어졌다.

주님께서는 당신을 한밤중에 찾아온 니고데모에게 말씀하셨다.

"모세가 광야에서 뱀을 든 것 같이 인자도 들려야 하리니" 요 3:14

주 예수님께서는 당신의 십자가의 대속 사역을 설명하시기 위해 모세의 놋뱀을 들어 말씀하신 것이다. 그러므로 모세의 놋뱀은 전적으로 예언적 사건이다. 모세가 장대 위에 높이 뱀을 매어 달므로 "옛 뱀 곧 마귀라고도 하고 사탄이라고도 하는" 계 12:9 원수 마귀의 완전한 패배를 예언한 것처럼 예수님께서도 십자가에 못 박히시기 전에 누누이 원수 마귀의 완전한 패배를 말씀하셨다.

"예수께서 이르시되 사탄이 하늘로부터 번개 같이 떨어지는 것을 내가 보았노라 내가 너희에게 뱀과 전갈을 밟으며 원수의 모든 능력을 제어할 권능을 주었으니 너희를 해칠 자가 결코 없으리라" 눅 10:18~19

"이제 이 세상에 대한 심판이 이르렀으니 이 세상의 임금이 쫓겨나리라" 요 12:31

"믿는 자들에게는 이런 표적이 따르리니 곧 그들이 내 이름으로 귀신을 쫓아내며 새 방언을 말하며 뱀을 집어올리며 무슨 독을 마실지라도 해를 받지 아니하며 병든 사람에게 손을 얹은즉 나으리라

하시더라"막 16:17~18

그뿐 아니라, 성령께서는 골로새서 2장 15절에서 이렇게 말씀하시고 계시다.

"통치자들과 권세들을 무력화하여 드러내어 구경거리로 삼으시고 십자가로 그들을 이기셨느니라"

이곳에서 말하는 "통치자들과 권세들"이란 에베소서 6장 12절에서 말하는 "통치자들과 권세들과 이 어둠의 세상 주관자들과 하늘에 있는 악의 영들"을 가리키는 것이다.

마치 이스라엘 백성들을 물어 죽이던 불뱀의 세력이 모세가 놋뱀을 장대에 매달아 멸함을 받은 것처럼 우리 주 예수님의 십자가의 대속으로 인하여 원수 마귀의 세력이 꺾인 것이다.

이제 그러면 병 고침과 연관하여 위의 사실을 생각해보기로 하자. 모세의 놋뱀은 예수님의 십자가의 모형이요, 그림자다. 뱀에 물려 죽어가던 이스라엘 백성들이 예수 그리스도의 구속의 모형인 놋뱀을 쳐다보았을 때 고쳐주시는 강력한 신유의 은혜가 있었다. 하물며 모형과 그림자의 본체이신 예수 그리스도의 십자가 대속 중에는 모든 사람을 치료하시는 하나님의 권세가 없을 리 만무하지 않은가.

뱀에 물린 이스라엘 백성들이 먼저 죄를 회개하고 장대에 매달린 놋뱀을 쳐다봤을 때 그들의 영혼은 죄에서 용서를 받았을 뿐 아니라, 뱀의 독으로 전신이 부어 죽어 가던 사람들이 기적적으로 소생하고 건강을 회복했던 것이다. 이와 같이 우리가 원수 마귀에게 얻어맞아 마음과 몸이 만신창이가 되었을지라도 믿는 눈으로 십자가에 못 박히신 예수님을 바라보기만 하면 마귀의 권세는 소멸되고 만다. 죄가 용서되고 그 죄값인 병의 독은 사라지게 된다. 그리고 새로운 생기를 얻어 건강을 회복하게 되는 것이다.

지금은 이미 천국에 가셨지만 한 때 전 미국과 캐나다를 신유의 권능으로 뒤흔든 대부흥사 보스워스 F. F. Boswarth 목사는 그의 저서 〈신유자 그리스도〉 Christ The Healer 란 책에서 다음과 같이 기술하고 있다.

"만약 병 고침이 예수님의 대속 안에 없다면 왜 뱀에 물려 죽어가던 이스라엘 백성들에게 병 고침 받기 위해 십자가의 대속의 모형인 놋뱀을 쳐다보라고 하였겠는가? 병 고침과 죄의 용서가 대속의 모형을 통해서 그들에게 임하였거늘 하물며 그 모형의 본체이신 그리스도를 통하여 그 은혜가 우리에게 임하지 않을 이유가 어디에 있는가?"

그들에게 내린 저주가 놋뱀을 매다는 순종으로 옮겨졌던 것처럼 사도 바울은 우리들 위에 임한 저주도 주 예수 그리스도의 십자가의 고난을 통하여 옮겨졌다고 했다 갈 3:13.

아담과 하와가 하나님께 범죄하였을 때 그들은 하나님의 공의로우신 심판을 받고 에덴에서 쫓겨났다. 그리고 그 때부터 사망 권세에 사로잡혀 마귀의 종노릇을 하게 되었다. 그러나 하나님께서는 그들에게 소망의 광명을 주셨으니 즉 후일에 구원자가 탄생하여 마귀의 권세를 멸하고 인류를 사망에서 구원하실 계획을 그들에게 보여 주신 것이다.

창세기 3장 14~15절은 이렇게 기록하고 있다.

"여호와 하나님이 뱀에게 이르시되 네가 이렇게 하였으니 네가 모든 가축과 들의 모든 짐승보다 더욱 저주를 받아 배로 다니고 살아 있는 동안 흙을 먹을지니라 내가 너로 여자와 원수가 되게 하고 네 후손도 여자의 후손과 원수가 되게 하리니 여자의 후손은 네 머리를 상하게 할 것이요 너는 그의 발꿈치를 상하게 할 것이니라 하시고"

이 말씀 속에 분명히 우리 인류의 조상인 아담과 하와를 유인하여 범죄케 하고 사망의 종노릇을 하게 한 원수 마귀의 멸망에 대하여 하나님께서 예언하시고 약속해 놓으셨다.

그 후 모세가 이스라엘 백성들을 애굽에서 인도해낼 때 마귀의 꾐에 백성들은 또 넘어갔다. 그리하여 그들이 하나님과 모세를 원망함으로 범죄하여 불뱀에게 죽임을 당하게 되었다. 그때 그들이 죄를 자복하고 부르짖자 하나님께서는 들으시고 아담과 하와에게 언약하신 옛 뱀 즉 마귀의 완전 패배를 다시 한 번 모세를 통해 기억나게 하셨다. 이를 위해서 놋뱀을 높이 장대에 매어달게 하셨으며 이를 쳐다보고 믿은 백성들마다 그들을 죽이고 멸하려고 하던 뱀의 사망의 독에서 즉시 해방을 얻게 하신 것이다.

이와 같이 하나님께서는 구약시대 사람들에게 복음의 은혜를 모형을 통해서 받게 하셨다. 그들이 비록 범죄하여 마귀를 상징하는 뱀에 물려 죽게 되었을지라도 여자의 후손이신 예수 그리스도의 대속의 은혜를 힘입어 죄 사함을 받고 악한 마귀의 권세가 깨어질 것을 믿고 받아들일 때 구원과 치료를 얻었던 것이다.

오늘날 은혜 시대에 사는 우리들의 복은 그 당시 이스라엘 백성들과 비교할 수 없을 만큼 위대하고 크다. 이미 2,000년 전에 예수 그리스도께서 동정녀 마리아를 통해 탄생하셨고 모세가 광야에서 뱀을 든 것 같이 높이 십자가에 달리셨다. 그리하여 우리의 죄악을 속하시고 원수 마귀에게서의 완전한 승리를 밝히 나타내신 것이다. 그러므로 오늘날은 누구든지 저를 믿으면 죄 사함을 받고 마귀의 저주에서 완전히 해방을 얻게 된다. 병은 바로 이 마귀가 가져온 저주이다.

이와 같이 마귀와 질병은 십자가를 통하여 전적으로 패하여졌으니 우리들은 겸손한 마음으로 주 예수님을 믿고 모셔들이며 마귀와 질병을 단호하게 대적해야 할 것이다.

그러므로 성령님께서는 "마귀를 대적하라 그리하면 너희를 피하리라"약 4:7고 하셨다. 또 말씀하시기를 "하나님께로부터 난 자는 다 범죄하지 아니하는 줄을 우리가 아노라 하나님께로부터 나신 자가 그를 지키시매 악한 자가 그를 만지지도 못하느니라"요일 5:18고 하셨다.

그러므로 주님을 믿는 자는 강하고 담대하게 마귀와 그의 일을 멸해야만 한다요일 3:8.

06
이사야가 전해준 신유의 복음

    이사야는 주전 750년부터 695년까지 유다에 살면서 예언한 선지자다. 이사야서는 구약의 복음서라고 할 만큼 예수님에 관하여 상세하게 예언한 책이다. 더구나 이사야 53장은 예수님이 당하신 십자가의 고난을 직접 현지에서 눈으로 보고 기록한 것보다 더 생생하게 묘사하고 있다. 예수님 대속의 고난을 깊이 해설해 주고 있다.
    그러면 이사야서 53장이 전하는 신유의 복음에 대해 알아보기로 하자. 본장을 상세히 알기 위해 우리가 알고자 하는 신유의 은혜에 관한 히브리 원어 몇 단어를 먼저 해석해보자. 히브리어로 질병이란 단어는 '홀리'חֳלִי라고 읽는다. 구약성경의 어느 곳에서도 홀리는 질병을 의미하고 있다. 그 예로는 다음과 같은 성구들이다. 신명기 7:15, 28:61, 열왕기상 17:17, 열왕기하 1:2, 8:8, 역대하 16:12, 21:15…. 우리말 성경 이사야서 53장 3~4절에서 '질고'로 번역되어 있다.

그 다음 '고통아픔'이란 히브리어로 '마크오브'מַכְאֹב라고 읽는다. 우리말 성경에는 이사야 53:3에 '간고'라고 번역되어 있다. 또한 53:4에는 '슬픔'이라고 번역되어 있다. 욥기 33장 19절에서는 "혹은 사람이 병상의 고통과 뼈가 늘 쑤심의 징계를 받나니"라고 하여 '마크오브'의 뜻이 병상의 고통과 아픔으로 다가오는 슬픔을 말하고 있다.

이와 같은 지식을 가지고 우리가 이사야 53장 4절의 말씀을 읽어보자.

"그는 실로 우리의 질고병를 지고 우리의 슬픔아픔, 고통으로 인한을 당하였거늘 우리는 생각하기를 그는 징벌을 받아 하나님께 맞으며 고난을 당한다 하였노라"

이 말씀은 문자 그대로 주 예수님께서 우리의 병을 짊어지시고 그로 인한 갖가지의 아픔과 고통 그리고 슬픔을 대신 당하셨다는 것을 밝히 말해 주는 것이다.

이 구절을 어떤 다른 영해나 비유로 읽어서는 결코 안 된다. 위에서 대조해본 바와 같이 히브리어 원어의 뜻이 명확히 증언해 주고 있다. 그리고 이보다도 더 확실한 증거가 있다. 그것은 성령께서 신약 복음서의 마태복음에 인용한 말씀이다.

"저물매 사람들이 귀신 들린 자를 많이 데리고 예수께 오거늘 예수께서 말씀으로 귀신들을 쫓아내시고 병든 자들을 다 고치시니 이는 선지자 이사야를 통하여 하신 말씀에 우리의 연약한 것을 친히 담당하시고 병을 짊어지셨도다 함을 이루려 하심이더라" 마 8:16~17

이 말씀은 이사야 53장 4절을 예수께서 해설적으로 인용한 구절이다. 이 말씀은 분명히 예수님의 신유의 역사는 십자가의 대속으로 말미암아 오는 것이라는 것을 밝히 보여준다. 이 말씀이 영적인 아픔이나 영적인 병이 아니라는 사실은 16절에 기록된 말씀이 증거해 주고 있다.

"저물매 사람들이 귀신 들린 자를 많이 데리고 예수께 오거늘 예수께서 말씀으로 귀신들을 쫓아내시고 병든 자들을 다 고치시니"

마 8:16

그러므로 어느 누구도 예수님께서 이사야 53장 4절의 말씀을 잘못 인용하셨다고 공박하지 못할 것이다. 사람이 누구이기에 성경의 저자이신 성령을 공박하겠는가?

또한 성령님은 당신께서 이사야를 통하여 말씀하셨던 것을 마태를 통하여 해설한 것이니 올바른 인용이요, 해설인 것이다. 이러므로 우리는 다른 장황한 변론을 요하지 않고 예수님께서 실로 우리 육체의 질고를 지시고 우리의 아픔을 담당하셨음을 담대히 말할 수 있다.

병 고치는 은혜는 복음에 부수적인 것이 아니라, 반드시 포함되어야 할 필수적인 것이다. 신유는 있어도 좋고 없어도 좋은 은사 중의 하나가 아니다. 주 예수 그리스도의 대속의 고난 중에 포함되어 있는 반드시 증거되어야 하는 하나님의 선물이다. 어느 누구든지 예수님의 대속 중에 병 고침이 포함되지 않았다고 한다면 죄의 용서함 역시 예수님의 대속 중에 포함되어 있다고 주장할 수 없을 것이다.

이사야 53장에 기록된 예언 중 죄의 대속에 사용된 동일한 동사가 질병의 대속을 말하는 데 사용되고 있다. 그러므로 우리가 예수님의 질병의 대속에 관하여 임의적인 태도를 취한다면 죄의 대속에 관해서도 그러해야 할 것이며 그렇게 한다면 복음의 메시지는 무력해지고 불확실하게 되고 마는 것이다.

이사야 53장에 기록된 죄와 병의 대속에 관한 말씀 중에 우리가 비교해 보고자 하는 성경 구절은 아래와 같다.

"그가 자기 영혼의 수고한 것을 보고 만족하게 여길 것이라 나의 의로운 종이 자기 지식으로 많은 사람을 의롭게 하며 또 그들의 죄악을 친히 *담당하리로다*" 사 53:11

"그러므로 내가 그에게 존귀한 자와 함께 몫을 받게 하며 강한 자와 함께 탈취한 것을 나누게 하리니 이는 그가 자기 영혼을 버려 사망에 이르게 하며 범죄자 중 하나로 헤아림을 받았음이니라 그러나 그가 많은 사람의 죄를 *담당하며* 범죄자를 위하여 기도하였느니라" 사 53:12

위의 말씀 중 죄악을 친히 담당하리라는 '담당'은 "우리의 슬픔아픔, 병고로 인한을 당하였거늘"사 53:4이란 말씀 중의 '당하였다'는 말과 동일한 단어이다. 그리고 "그러나 그가 많은 사람의 죄를 담당하며"사 53:12의 '담당하며'라는 단어는 "그는 실로 우리 질고를 지고"라는 말씀 중의 '지고'라는 단어와 동일하다. 죄악의 담당과 슬픔고통, 아픔의 담당이 동일하다. 죄의 짊어짐과 질고병의 짊어짐이 완전 동일한 단어로 그 동사를 삼고 있다.

이러므로 어느 것은 인정하고 어느 것은 부정할 수가 결코 없는 것이다. 앞의 것을 믿으면 뒤의 것도 믿어야 하며 뒤의 것을 임의로 해석하면 앞의 것도 임의로 해석해야 하는 것이다. 그렇기 때문에 그리스도의 대속의 고난 중에 죄의 용서함과 질병의 치료함은 이중적 은혜로 포함되어 있다. 이러므로 이것도 행하고 저것도 버리지 말아야 한다.

예수님께서 우리를 대신하여 죄악을 담당하시고 죄를 짊어지셨으면그것은 사실 중의 사실이다, 그와 꼭 같이 예수님께서 우리의 질고를 대신 지시고 우리의 슬픔을 대신 당하신 것이다 이것도 역시 사실 중의 사실이어야만 한다. 우리가 값없이 믿음으로 구원을 얻었으면이것은 진리이다 또한 병 고침도 반드시 믿음으로 값없이 얻는 것이다. 누가 이 사실을 부인하겠는가!

그러나 오늘날 사람들이 이 진리를 부인하게 될 것을 성령께서 미리 아시고 이사야 선지자를 통하여 탄식하시기를 "우리의 전한 것을 누가 믿었느뇨? 여호와의 팔이 뉘게 나타났느뇨?"라고 하셨다. 그러나 누구든지 저를 믿는 자마다 죄 사함과 병 고치심을 받게 되는 것이다.

이사야 53장에 기록된 속죄와 신유의 원어 대조는 아래와 같다. "죄악을 친히 담당하리로다" 사 53:11와 "우리의 슬픔을 당하였거늘" 사 53:4의 '담당'과 '당함'의 원어는 모두 똑같이 '사발' סָבַל 이라는 동사로서 그 뜻은 '여인이 임신 중에 몸이 무거운 것처럼 힘든 무거운 짐을 담당하는 것'을 말한다. 예수님께서 우리의 죄악과 아픔병으로 인한의 무거운 짐을 십자가에서 대신 당하셨음을 분명히 알 수 있다.

그 다음 "많은 사람의 죄를 담당하며" 사 53:12의 '담당하며'와 "그는 실로 우리의 질고를 지고" 사 53:4라는 '지고'는 동일한 히브리어 동사로 되어 있다. 즉 그 동사는 '나사' נָשָׂא라고 읽는다. '들어올린다' '지고 간다' '멀리 옮겨 간다'는 뜻으로 레위기 16장에 있는 이스라엘 백성의 모든 불의를 대신 짊어 지워서 무인지경으로 놓아 보내는 아사셀 염소에 대하여 사용한 말이다.

"아론은 그의 두 손으로 살아 있는 염소의 머리에 안수하여 이스라엘 자손의 모든 불의와 그 범한 모든 죄를 아뢰고 그 죄를 염소의 머리에 두어 미리 정한 사람에게 맡겨 광야로 보낼지니 염소가 그들의 모든 불의를 지고 접근하기 어려운 땅에 이르거든 그는 그 염소를 광야에 놓을지니라" 레 16:21~22

이와 같이 주 예수님께서도 우리 인류의 아사셀 염소가 되셔서 우리의 죄와 질고를 대신 짊어지시고 영문 밖으로 끌려가셨다.

"그는 곤욕과 심문을 당하고 끌려갔으나 그 세대 중에 누가 생각하기를 그가 살아 있는 자들의 땅에서 끊어짐은 마땅히 형벌 받을 내 백성의 허물 때문이라 하였으리요" 사 53:8

하나님께서는 변치 않는 성경의 확실한 예언을 통해 예수님이 우리의 죄악과 질고와 아픔을 친히 담당하셨으며 그것을 우리에게서 옮겨 몸소 짊어지셨다는 것을 알려주고 계시다. 이러므로 우리는 십자가에 못 박히신 구주 예수님을 힘차게 믿고 굳세게 서서 다시는 죄와 질병의 종노릇하지 말아야 한다.

많은 사람이 지금도 죄악과 질병에 묶여 있는 이유는 그들이 이 기쁜 소식을 모르기 때문이다. 이사야서는 계속해서 질병을 대속하신 고난의 종 예수님에 관하여 예언하고 있다.

"그가 찔림은 우리의 허물 때문이요 그가 상함은 우리의 죄악 때문이라 그가 징계를 받으므로 우리는 평화를 누리고 그가 채찍에 맞으므로 우리는 나음을 받았도다" 사 53:5

이 말씀을 사도 베드로는 그의 서한 베드로전서 2장 24절에서 분명하게 기록하고 있다.

"친히 나무에 달려 그 몸으로 우리 죄를 담당하셨으니 이는 우리로 죄에 대하여 죽고 의에 대하여 살게 하려 하심이라 그가 채찍에 맞음으로 너희는 나음을 얻었나니"

이렇게 베드로는 죄의 용서와 질병의 고침을 동일한 십자가의 대속의 은총 중에 묶어 놓았다.

그러므로 구원과 신유는 예수님의 고난을 통하여 우리들에게 주시는 동일한 은혜인즉 우리는 끈기 있게 믿음의 기도를 통해 구원과 신유를 다 받아 누려야 한다.

사도 베드로가 인용한 이사야 53장 5절의 말씀은 더 박력 있고 또 단도직입적이다. 베드로는 단호히 "너희가 나음을 얻었다"고 선언하고 있지 않은가!

그러므로 우리는 우리를 향하여 '너희'라고 지적하여 엄숙히 외치시는 성령님의 훈계 앞에 고개를 숙이고 이유 없이 채찍에 맞으신 그리스도의 병 고치시는 은혜를 받기 위하여 그 은혜의 보좌 앞에 담대히 나아가자.

우리의 질병은 이미 2,000년 전에 다 갚아졌다. 사도 베드로는 어김 없이 이 사실을 선포했으니 즉 '나음을 얻었나니'라는 과거적 동사의 사용이 그것이다. '나음을 얻을 것이니'의 미래가 아니요, '나음을 얻었나니'의 과거형인 것이다. 그러므로 질병의 문제는 이미 2,000년 전에 해결된 것이다. 이제 남은 문제는 오직 이 사실에 대한 사람들의 지식과 믿음이 문제인 것이다.

생각해 보라. 그 아들을 보내사 우리의 아픔과 고통과 병을 친히 담당케 하시고 짊어지게 하신 천부께서 얼마나 우리의 질병을 고치시기 원하고 계시겠는가 하는 사실을!

이사야서 53장 10절은 그 사실을 웅변 이상으로 외치고 있다.

"여호와께서 그에게 상함을 받게 하시기를 원하사 질고를 당하게 하셨은즉 그의 영혼을 속건제물로 드리기에 이르면 그가 씨를 보게 되며 그의 날은 길 것이요 또 그의 손으로 여호와께서 기뻐하시는 뜻을 성취하리로다"

여호와께서 무엇 때문에 아드님이신 예수님을 그토록 처참하게 상하게 하심으로 무리가 그를 보고 놀랄 지경이 되도록 만드셨던가? 그에 대한 유일한 해답은 여호와께서 우리 인생들이 질병에 고통을 당하는 것을 결코 원치 않으시사 우리를 고치시기 위하여 그 아들로 하여금 질고를 당케 하신 것이다.

그러므로 오늘날 하나님께서 병 고치는 것을 원치 않는다고 말하는 것은 하나님의 뜻을 거스르는 중대한 잘못을 저지르는 것이다. 아! 오늘날에도 하나님께서는 얼마나 간절히 우리들이 강건하게 되기를 원하시는지?

"사랑하는 자여 네 영혼이 잘됨 같이 네가 범사에 잘되고 강건하기를 내가 간구하노라" 요삼 2절는 말씀은 하나님의 소원을 뜨겁게 말해 주고 있다.

07
질병의 대속에 관한 신학자들의 말

신유가 예수님의 대속의 고난 중에 포함되어 있다는 사실은 필자만의 의견이 아니다. 많은 신령하고 유능한 목사님들과 성경 교사들도 이 사실을 믿고 가르쳐왔다.

우리가 잘 아는 토레이R. A. Torrey 박사는 그의 저서 〈신유〉에서 말하기를 "예수 그리스도의 대속의 죽음은 우리들의 육신의 질병의 치료만 확보해 주신 것이 아니라 우리 육신의 부활과 완성과 성화까지도 포함하고 있다……. 그리스도의 복음은 영혼의 구원과 함께 육신의 구원도 포함하고 있다……. 사람들이 현세에서 그들의 영적 구원의 첫 열매를 얻는 것처럼 우리들은 현세에서 우리들의 육체적 구원의 첫 열매도 얻게 되는 것이다. 교우 중 그들이 장로들이거나 평신도들이거나 간에 모두 병들었을 때는 위하여 서로 기도할 특권과 의무를 갖고 있으며 하나님께서 그 기도를 응답하시고 치료해 주실 것을 기대할 수 있다."고 했다.

미국 장로교 전 총회장이었던 스탠톤 R. E. Stanton 박사는 그의 저서 〈공관복음〉에서 다음과 같이 말했다.

"그리스도의 대속은 죄에서 구출해 줌과 동시에 질병에서 해방시켜 주는 기반을 제고해 준다는 것을 보여주는 것이 나의 목적이다. 죄와 질병에서 놓여날 수 있는 완전한 준비가 주어진 것이다. 주어진 조건 하에서 믿음을 활용하는 데 있어서 우리가 죄에서 우리 영혼이 놓여날 수 있는 것을 믿을 수 있다는 이유가 있는 것과 동일하게 우리의 육체가 병에서 놓여날 것을 믿을 수 있는 것이다. 죄와 병에서 놓여나는 두 가지는 동일한 토대 위에 서 있다는 것이다. 그러므로 복음이 인류에게 제공하는 바 그 어떠한 진실된 개념 속에서도 필히 죄 사함과 병 고침은 포함되어야 한다. 그리스도의 속죄의 희생은 인류의 영적 요구와 함께 육체적 요구도 다 응한 것이다……. 그러므로 육체의 병 고침은 어떤 사람들이 전하듯이 하나의 지엽적인 문제가 아니다. 그것은 마치 영혼의 치료가 지엽적인 문제가 아닌 것과 동일하다. 이 두 가지가 모두 동일한 복음의 한 부분이며 동일하게 똑같은 위대한 대속 위에 기초를 두고 있는 것이다."

리스Reese 감독이 주장이 된 성공회의 영적 치료에 관한 연구위원회는 오랫동안의 신유에 관한 연구의 조사 결과 다음과 같은 공식 선언문을 발표했다.

"육체의 병 고침은 복음의 근본적인 요소이다. 그러므로 여기에 대해 설교해야 하며 또 실천해야만 한다……. 하나님은 우리들의 건강함을 소원하신다. 그러므로 그리스도의 몸인 교회는 그 몸의 머리되신 그리스도와 동일한 사명과 권능을 소유하고 있다. 그러므로 우리들 성도들은 창조적인 사랑을 가지신 하나님에 대하여 참된 개념을 가지고 지금도 죄를 지으며 앓고 있는 세상에게 죄와 그의 필연적인 결과인 질병에서 구원을 얻는 순복음을 전하지 않으면 안 된다."

신학자들로 조직된 상기의 위원회는 삼 년 동안의 공부와 연구 끝에 이와 같은 결론에 도달했던 것이다.

심슨A. B. Simpson박사는 그의 저서 〈신유의 복음〉이라는 책의 '신유의 원리' 장에서 아래와 같이 기록하고 있다.

"만약 질병이 인류의 타락으로 말미암아 생긴 것이라면 우리는 속죄의 은혜 중에 그의 치료도 포함되어 있다는 것을 기대할 수 있다. 그리고 복음을 예언한 구약성경 기간에 병에 대한 처방에 어떤 암시가 있을 것을 기대하는 것은 자연스런 일인 것이다. 그리고 성경은 그 기대에 실망을 주지 않는다. 하나님의 돌보심과 섭리는 당신의 백성들의 영적 복지뿐만 아니라, 현세적, 육체적인 필요도 채워주시는 데까지 미치고 있다. 이 위대한 원리는 구약성경 전반에 걸쳐 알려주고 있는 것이다. 신유에 대한 명확한 가르침이 모세가 행한 모든 의식 속에 포함되어 있다. 그리고 구세주의 출현에 관한 예언적 묘사 속에서도 메시아가 영광스런 왕으로 또한 은혜로운 구세주로 오실 뿐만 아니라 위대한 의사로 오실 것임을 보여주고 있다……. 시편 103편과 이사야 53장 등은 육체의 구속이 하나님의 특권이며 목적이라는 것을 분명하고도 명확하게 증거해 주고 있다."

고던A. J. Gordon 박사는 그의 명저〈신유의 사역〉이란 책에서 다음과 같이 신유의 성서적인 확실성을 논증하고 있다.

"그리스도의 대속 중에 육체적인 치료를 위한 믿음의 기초가 놓여 있는 것으로 보인다고 말한 이유는 우리가 말하는 바 그 성경 구절이 그 의미에 있어서 너무나 심오하고 이루 측량할 수 없이 깊기 때문에 보통 사람들은 거기에 관하여 교리적으로 말하지 않으려고 몹시 조심하기 때문이다. 그러나 이 성경구절은 우리 앞에 그리스도를 자기의 백성들의 죄의 담당자로서만 아니라, 질병의 담당자로도 내세우고 있다는 것은 최소한 깊고도 암시적인 사실인 것이다."

복음서에는 이와 같이 기록되어 있다.

"예수께서 말씀으로 귀신들을 쫓아내시고 병든 자들을 다 고치시니 이는 선지자 이사야를 통하여 하신 말씀에 우리의 연약한 것을 친히 담당하시고 병을 짊어지셨도다 함을 이루려 하심이더라"
마 8:16~17

이 말씀을 보면 예수님께서는 우리 병에 대하여 무엇인가 동정 이상의 교제交際를 가지신 것이 분명하다. 우리의 불의를 못 박으신 십자가의 멍에에서 우리들의 질병까지 함께 담당하신 것이다. 그러므로 하나님께서 죄를 알지도 못하시는 예수님께 우리를 대신하여 죄를 지게 하신 것과 같이 어떤 의미에 있어서는 하나님께서 병을 알지도 못하시는 예수님께 우리를 대신하여 병을 담당하게 하셨다고 말하는 것도 참된 것이다……. 다른 말로 한다면 이 성경구절은 그리스도께서 우리의 불의를 대신 짊어지신 것처럼 우리의 질병도 대신 짊어지신 것이라고 가르치고 있다.

만약 우리들의 구속주요, 대속주께서 우리들의 질병을 짊어지셨다는 것이 진실이라면 그분이 질병을 대신 짊어지신 이유란 우리들로 하여금 병을 앓지 않게 하기 위함이라는 것을 논리적으로 당장 깨닫게 되는 것은 자연스런 일이다."

이와 같이 고던 박사는 지극히 논리적으로 우리의 병 고침이 그리스도의 십자가 대속의 은혜 중에 포함되어 있다는 사실을 학문적으로 논증했다.

미국에서 발간되는 월간지인 〈신유의 소리〉 The Voice of Healing 1964년 8월호 12페이지를 보면 '신유에 관한 빌리 그레이엄 Billy Graham의 말'이란 제목으로 세계적인 대부흥사 빌리 그레이엄 박사의 말을 싣고 있다. 빌리 그레이엄에게 신유의 교리에 관하여 어떻게 생각하는가를 질문했다. 그리고 시카고의 '트리뷴 뉴스 신디케이트' Tribune News Syndicate에 의해 발간된 그의 대답은 흥미롭다.

"어떤 신유의 교리는 그의 신학적인 면에서나 그 방법에 있어서 잘못이 있을 것이다. 그러나 누구를 막론하고 열린 마음으로 신약성경을 읽어본 사람이라면 그리스도께서는 인간의 육체와 영의 건강에 관하여 관심을 가지고 계셨다는 결론에 도달하지 않을 수 없다. 많은 교파들은 신유의 과제에 관하여 새로운 조사를 행하고 있다. 그리고 그 교파들 중 얼마간은 성공회를 포함해서 이미 신유를 실천하고 있다.

우리들에게 많은 의학적인 발전과 건강을 돕기 위한 과학적인 수단을 제공한 현 세대에 있어서 아마 우리 기독교인들은 많은 사람들에게 유익을 줄 수 있는 것을 회피하는 기독교 교훈을 가르치고 있지 않는지 모르겠다. 많은 의사들은 치료에 있어서 기도와 믿음이 결정적인 도움을 준다는 데 동의하고 있다. 그리고 또 의학적으로는 설명할 수 없는 기적적인 치유의 예는 많이 있다. 내가 아는 사람 중에서도 도저히 이성으로는 설명할 수 없는 기적적인 신유를 체험함으로써 하나님께 영광을 돌리고 지금도 살아 있는 사람들이 많다. 하나님께서 사람의 생애를 변화시키시는 역사를 나처럼 많이 본 사람이라면 누구를 막론하고 육체를 치료하는 더 쉬운 기적을 하나님께서 이루실 수 있으시다는 것을 결코 의심할 수 없을 것이다."

이상에 인용한 신학자들과 성경 교사들과 부흥사들의 신유가 주 예수 그리스도의 구원의 역사 중에 필연적으로 포함되어 있다는 사실을 더욱 확실히 증명해 준다. 그러므로 우리는 죄 사함을 얻음과 같이 그리스도 앞에 나아와 병 고침을 받을 수 있다는 것을 밝히 깨달아야 한다.

병을
짊어지신
예수님